2

**Unterrichtsmaterialienreihe
›Wissen um globale Verflechtungen‹**

PROCESOS MIGRATORIOS EN AMÉRICA LATINA

Unterrichtsbausteine für den Themenbereich Migration in den Amerikas für den Spanischunterricht in der Oberstufe.

IMPRESSUM

Unterrichtsbausteine für den Themenbereich
Migration in den Amerikas für den
Spanischunterricht.
Unterrichtsmaterialienreihe Wissen um globale
Verflechtungen. Band 2.

Reihenherausgeber
Center for InterAmerican Studies (CIAS)
an der Universität Bielefeld

**Koordination der
Unterrichtsmaterialienreihe**
Jochen Kemner, Anne Tittor, Olaf Kaltmeier

Autor_innen dieser Mappe
Martin Breuer, Catalina Calero Ramírez, Lara Jussen,
Frauke Hahn, Olaf Kaltmeier, Jochen Kemner,
Gilberto Rescher, Guadalupe Rivera, Julia Roth,
Nicole Schwabe, Anne Tittor

Koordination dieser Mappe
Jochen Kemner

Gestaltung:
Nathow & Geppert

Druck
2017, kipu-Verlag, Bielefeld, getragen vom
Förderverein InterAmerikanische Studien e.V.
ISBN: 978-3-946507-01-7
ISSN: 2366-4916

Die Bausteine ›Buenos Aires‹, ›Lima‹
und ›Madrid‹ sind im Rahmen der Projekte
›Kompetenznetz Lateinamerika‹ und
›Die Amerikas als Verflechtungsraum‹,
finanziert durch das BMBF (Bundesministerium
für Bildung und Forschung) entstanden.

Der Baustein ›Arbeitsmigration am Beispiel
Mexiko-USA‹ wurde im Rahmen des Projektes
›Modellschulen für Globales Lernen‹ im
Welthaus Bielfeld entwickelt, durch finanzielle
Unterstützung des BMZ (Bundesministerium
für wirtschaftliche Zusammenarbeit und
Entwicklung), Engagement Global und
der Stiftung Umwelt und Entwicklung NRW.

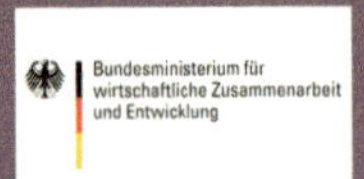

INHALT

1 Der Unterstrich wurde in dieser Mappe als gendergerechte sprachliche Darstellungsform gewählt, um dem dominanten Gebrauch des generischen Maskulinums entgegenzuwirken und gleichzeitig einer sozialen Realität gerecht zu werden, die sich nicht auf binäre Geschlechteridentitäten reduzieren lässt.

2 Ein Dossier mit Erläuterungen zu den didaktischen Überlegungen der Unterrichtsreihe ›Wissen um globale Verflechtungen‹ finden Sie unter folgender Url: *www.uni-bielefeld.de /cias/unterrichtsmaterialien.html/dossier_1*

3 Eine ausführliche Sachanalyse zum Thema ›Migrationsprozesse in den Amerikas‹ finden Sie unter folgender Url: *www.uni-bielefeld.de /cias/unterrichtsmaterialien.html/dossier_3*

EINLEITUNG

Die Unterrichtsmaterialienreihe ›Wissen um globale Verflechtungen‹ wird von einer Gruppe von Wissenschaftler_innen[1] aus dem Umfeld des ›Center for InterAmerican Studies‹ (CIAS) an der Universität Bielefeld und den Forschungsprojekten ›Kompetenznetz Lateinamerika‹ und ›Die Amerikas als Verflechtungsraum‹ erstellt. Die Reihe verfolgt das Konzept des ›Globalen Lernens‹. Demzufolge sind gegenwärtige Prozesse nicht mehr allein im Rahmen von engen kulturellen, politischen oder nationalen Grenzziehungen beschreibbar und verstehbar. Vielmehr gilt es, historische Verflechtungen und Austauschprozesse in den Blick zu nehmen, die sich in aktuellen Konstellationen widerspiegeln.

Die Themenmappe ›*Procesos migratorios en América Latina*‹ beschäftigt sich mit Migration als einem sozialen, politischen, historischen und wirtschaftlichen Phänomen in einer zunehmend globalisierten Welt. Jenseits des dominierenden Fokus auf die Grenzregion zwischen Mexiko und den USA und der Süd-Nord-Migration soll der Blick auf die Multidimensionalität von Mobilität(en) in den Amerikas gelenkt werden. Die Materialien hinterfragen Einwanderungspolitiken und Migrationsregime und sollen Schüler_innen dazu anregen, sich mit den vielschichtigen Beweggründen von Auswanderung zu beschäftigen. Darüber hinaus versuchen sie exemplarisch die unterschiedlichen Erfahrungen, die Migrant_innen auf ihrem Weg, aber auch im neuen Lebens- und Arbeitsalltag machen, nachzuzeichnen und sich mit ihren schwierigen Identitätsbildungsprozessen auseinanderzusetzen.

Übergeordnete Lernziele der Mappe:
Inhaltlich: Auf der Ebene des ›Wissens‹ sollen die SuS Kenntnisse über die verschiedenen Migrationskontexte sowie die positiven und negativen Erfahrungen von Migrant_innen gewinnen. Außerdem sollen die SuS Einblicke in unterschiedliche Grenzregime, Einwanderungsbedingungen sowie Erwartungen von Aufnahmeländern an Migrant_innen erlangen.
Methodisch: Auf der Ebene des ›Könnens‹ sollen die SuS ihre gewonnenen Kenntnisse in Diskussionen auf Spanisch wiedergeben, darlegen, austauschen und vergleichen können. Sie sollen dabei auch ihre persönliche Meinung altersgemäß auslegen und begründen können. Des Weiteren sollen die SuS ihre Gedanken zum Thema kohärent in Spanisch niederschreiben können.
Sozial: Auf der Ebene des ›Wollens‹ sollen die SuS ihr Fremdverstehen und ihre Empathiefähigkeiten allen Migrant_innen gegenüber verstärken.

Die Mappe ist im Bausteinprinzip gestaltet und beinhaltet Materialien und Unterrichtsanregungen für den Einsatz im fortgeschrittenen Fremdsprachenunterricht im Fach Spanisch. Anhand ausgewählter Migrationsräume innerhalb Lateinamerikas (Buenos Aires und Lima) sowie Zielen lateinamerikanischer Migrant_innen (USA und Spanien), an denen sich die verschiedenen Dimensionen und unterschiedlichen Facetten der Migrationsthematik verdichtet darstellen lassen, erhalten Schüler_innen Einblicke in unterschiedliche Migrationskontexte sowie die historische und aktuelle Bedeutung von Migrationsprozessen in den Amerikas. Die Bausteine können einzeln bearbeitet oder frei kombiniert werden und beinhalten unterschiedliche Aufgabenstellungen für die Sprachanwendung und die Vertiefung grammatikalischer Aspekte. Jedem Kapitel ist ein Vorschlag für eine Umsetzung im Unterricht vorangestellt. Die Materialien können aber auch in anderen Formen kreativ genutzt werden.

Die Mappe beinhaltet Materialien und Aufgabenstellungen, die sich am Kompetenzrahmen des Lehrplanes für Nordrhein-Westfalen orientieren und insbesondere folgende Anforderungen des fortgeschrittenen Spanischunterrichts abdecken:

- Funktional kommunikative Kompetenzen: Hör(seh)verständnisübungen, Leseverstehen, eigene Standpunkte in Gesprächen darlegen, Sachverhalte in kürzeren Präsentationen darbieten, Sprachmittlung, Erweiterung der sprachlichen Mittel
- Interkulturelle Kompetenzen: Soziokulturelles Orientierungswissen zu Alltagswirklichkeiten von (jugendlichen) Migrant_innen in unterschiedlichen Kontexten; Einblicke in gegenwärtige politische und gesellschaftliche Diskussionen zum Thema Migration in der spanischsprachigen Welt; Verstehen und Handeln von Menschen in Migrationskontexten
- Text- und Medienkompetenz: Texte verstehen, zusammenfassen, wiedergeben und dabei Aussageabsichten analysieren; Verfassen eigener Texte unterschiedlicher Ausrichtungen. Das Textspektrum umfasst Sach- und Gebrauchstexte, literarische Texte, diskontinuierliche sowie medial vermittelte Texte.

Piktogramme

 Die benötigten Medien befinden sich im Zusatzmaterial.

 Aufgabenstellung

 Informationen für Lehrkräfte

Hinweise zur kostenlosen Bestellung der Zusatzmaterialien finden Sie unter www.uni-bielefeld.de/cias/unterrichtsmaterialien.html Best.-Nr.: 946507-01-7

JULIA ROTH, NICOLE SCHWABE & ANNE TITTOR

BUENOS AIRES – UN PRODUCTO DE LA MIGRACIÓN

Die Unterrichteinheit ›Buenos Aires – un producto de la migración‹ verfolgt zweierlei Ziele: Zum einen geht es darum, die Geschichte der Immigration nach Argentinien und nach Buenos Aires in ihren vielschichtigen Dimensionen kennenzulernen. Dazu gehören einerseits klassische Erzählungen von europäischen Immigrant_innen aus dem späten 19. Jahrhundert. Andererseits soll die Mappe dazu beitragen, Aspekte zu vermitteln, die selten Beachtung finden, die für Globales Lernen und ein Verständnis von globalen Verflechtungen aber zentral sind. Dazu zählt z.B. die Geschichte der unfreiwilligen Immigration im Rahmen des transatlantischen Sklavenhandels, über den in der argentinischen Gesellschaft wenig gesprochen wird. Während die europäische Migration für das ›Einwanderungsland Argentinien‹ glorifiziert wird, werden die Migrant_innen aus den lateinamerikanischen Nachbarländern Peru, Bolivien und Paraguay häufig diskriminiert. An diesen Beispielen wird auch die Rückbindung an Migrationserfahrungen der Schüler_innen zur deutschen Situation geleistet, um Migration nicht als isoliertes Phänomen zu beschreiben.

Die Stadt Buenos Aires bietet ein ideales ›Brennglas‹, um diese Aspekte zu veranschaulichen und kritisch zu diskutieren. Buenos Aires und die argentinische Gesellschaft sind sehr stark durch Immigration geprägt und seit jeher eine Projektionsfläche für Einwandernde in Südamerika.

Überblick über die einzelnen Unterrichtseinheiten

1.1. Contexto histórico: La inmigración a Buenos Aires al final del siglo XIX y la inmigración reprimida de los esclavos africanos
Buenos Aires wird als ein durch vielfältige Einwanderungsprozesse geprägter Ort vorgestellt. Neben der europäischen Einwanderung wird dabei auf den Beitrag der Afroargentinier_innen zur argentinischen Identität verwiesen.

1.2. Inmigración actual a Buenos Aires
Die SuS beschäftigen sich mit der Situation heutiger Migrant_innen in Argentinien und ihren Migrationsmotiven.

1.3. Migración y sociedad
Die SuS setzen sich kritisch mit Formen der Diskriminierung von Migrant_innen aus den Nachbarländern in Argentinien auseinander und binden diese Erfahrungen an den eigenen Lebensweltbezug an.

Übersichtstabellen zur Unterrichtsplanung

1.1. La inmigración a Buenos Aires al final del siglo XIX y la inmigración reprimida de los esclavos africanos

Ziele: Die SuS erwerben mittels der Analyse unterschiedlicher Materialien (Bild, Video, Lied, Text, Statistiken) Kenntnisse über Migrationsgründe, Einwanderungsmöglichkeiten, Herkunftsorte und Lebensverhältnisse der nach Buenos Aires migrierten Personen. Dabei thematisieren sie auch das Selbstverständnis Argentiniens als Einwanderungsland. Dieses steht im Kontrast zu dem häufig gesellschaftlich verdrängten Beitrag der Afro-argentinier_innen zur Kultur des südamerikanischen Landes.

Fachspezifische Kompetenzen: Hör(seh)verständnis, Leseverstehen, Erweiterung sprachlicher Mittel, soziokulturelles Orientierungswissen zu historischen und aktuellen politischen Entwicklungen in Argentinien, interkulturelle Bewusstheit, Textverständnis, Perspektivenwechsel.

Kompetenzbereiche des Globalen Lernens: Erkennen von Vielfalt, kritische Reflexion und Stellungnahme, vernetztes Denken

Wesentliche Aspekte des Interaktionsgeschehens	Sozialform	Medien/Material	Anforderungsbereiche (Operatoren)
Teil I: Die europäische Einwanderung nach Buenos Aires im späten 19. und frühen 20. Jahrhundert			
Bild ›**La Veloce**‹ Als Einstieg in das Thema wird ein Werbeplakat einer Dampfschifffahrtslinie gezeigt, das ausreisewillige Italiener_innen Ende des 19. Jahrhunderts zur Überfahrt nach Südamerika anregen sollte. Die SuS stellen mittels Leitfragen erste Überlegungen zu diesem Impuls her.	Partnerarbeit Plenum	*M 1.1:* Bild ›La Veloce‹	I (describir) II (explicar)
Filmausschnitt ›**La llegada de los inmigrantes**‹ Dokumentarfilm zur europäischen Migration nach Buenos Aires im Zeitraum 1850–1930 Beobachtungsaufgabe zum Film (Hör/Seh-verständnis) + anschließend Gruppenpuzzle. Vorgehen: *Phase a)* Es werden fünf Arbeitsgruppen gebildet, die je eine Frage bekommen und sich beim gemeinsamen Filmschauen Notizen zu ihrer Beobachtungsaufgabe machen. Bei Bedarf kann der Film ein zweites Mal gezeigt werden. *Phase b)* Anschließend tauschen sich die SuS in ihren Gruppen aus und tragen zusammen, was sie zu ihrer Frage an Informationen aufgenommen haben. *Phase c)* Die Gruppen werden gemischt, so dass an jedem Tisch 1–2 Mitglieder jeder Gruppe sitzen, die den jeweils anderen in der Zielsprache erklären, was sie beobachtet/herausgefunden haben. Je nach Niveau kann Phase b) übersprungen werden bzw. kann es nötig sein, in einer Phase d) die Ergebnisse zusammenzutragen und ggf. zu ergänzen.	Gruppenpuzzle	*M 1.2:* Filmsequenz ›La llegada de los inmigrantes‹ (Spanisch mit Untertiteln)	I (contar) II/III (explicar)
Text ›**La Argentina, un país de migrantes**‹: Die SuS lesen den Text und fassen die zentralen Aussagen mündlich zusammen. Anschließend können die wichtigsten Daten in eine Zeitleiste übertragen werden.	Einzelarbeit Plenum	*M 1.3* Sachtext ›La Argentina, un país de migrantes‹	I (resumir)

Teil II: Die verdrängte Einwanderung: Sklavenhandel

›Los Argentinos también descendemos de esos barcos‹. Gemeinsames Schauen eines Ausschnittes aus einem Dokumentarfilm, der sich mit der Sklavereigeschichte Argentiniens auseinandersetzt und den oftmals verdrängten Beitrag der Afroargentinier_innen zur Geschichte des Landes thematisiert. Die SuS erhalten ein Arbeitsblatt mit Beobachtungsaufgaben zum Film.	Partnerarbeit	**M 1.4:** Film ›Los Argentinos también descendemos de esos barcos‹	I (resumir) III (evaluar) III (opinar)
Song **›Guariló‹** von Juan Carlos Cáceres Anhören eines Tangos zum Thema Afroargentinier_innen, Ausfüllen des Lückentextes, Klären vom Vokabular.	Einzelarbeit	**M 1.5:** Lied ›Guariló‹	I (describir) II (confeccionar un croquis) III (comentar)

Teil III: Zusammenführung: Einwanderungsland Argentinien

Statistiken zur Einwanderungsrealität Die SuS üben den Umgang mit Statistiken zur Einwanderung nach Buenos Aires und hinterfragen deren Aussagekraft (unter Berücksichtigung der Inhalte der bisher erarbeiteten Materialien).	Partnerarbeit	**M 1.6:** Bevölkerungs- und Einwanderungsstatistiken	II (analizar) II (evaluar)

1.2. Inmigración actual a Buenos Aires

Ziele: Die SuS entwickeln ein Verständnis von Argentinien als Einwanderungsland und beschäftigen sich mit individuellen Schicksalen und Motivationen nach Buenos Aires auszuwandern sowie den unterschiedlichen Erfahrungen von Migrant_innen in Buenos Aires.

Fachspezifische Kompetenzen: Lese- und Textverstehen, Verfassen von Gebrauchstexten, an Gesprächen teilnehmen, soziokulturelles Orientierungswissen zu Alltagswirklichkeit von Migrant_innen in Buenos Aires und gesellschaftlichen Diskussionen, interkulturelle Einstellungen, sprachliche Normabweichungen benennen.

Kompetenzbereiche des Globalen Lernens: Erkennen von Vielfalt, Perspektivenwechsel und Empathie, gesellschaftliche Handlungsebenen von Individuen erkennen.

Wesentliche Aspekte des Interaktionsgeschehens	Sozialform	Medien/Material	Anforderungsbereiche (Operatoren)
Interview mit Natividad Obeso: **›La historia de una luchadora‹** Das Interview vermittelt Einblicke in die Lebensgeschichte und Handlungsfähigkeit einer politisch Verfolgten Migrantin aus Peru, die sich in Buenos Aires für die Rechte von Migrant_innen einsetzt. Kreative Schreibübungen bieten einen Anlass für eine vertiefende Auseinandersetzung mit der Situation von Natividad Obeso.	Einzelarbeit	**M 1.7:** Interview ›La historia de una luchadora‹	I (describir) II (explicar)
Zeitungsartikel: **›El inmigrante como sujeto de ciudadanía en la Argentina de hoy‹** Die SuS lesen mit verteilten Rollen einen Text, in dem vier Einwander_innen über ihre Migrationsgründe, Lebensumstände und Diskriminierungserfahrungen in Argentinien berichten. Anschließend werden auf Plakaten Steckbriefe der vier Personen erstellt und im Unterrichtsgespräche Gründe für die Verschiedenheit der Erfahrungen herausgearbeitet.	Gruppenarbeit Plenum: gelenktes Unterrichtsgespräch	**M 1.8:** Zeitungsartikel ›El inmigrante como sujeto de ciudadanía en la Argentina de hoy‹	II (retratar) III (comparar)

1.3. Migración y sociedad

Ziele: Die Einheit soll zur Dekonstruktion gesellschaftlicher Vorurteile und zur Sensibilisierung gegenüber Formen von Diskriminierung und Rassismus beitragen. Dazu setzen sich die SuS kritisch mit Formen diskriminierender Darstellungen von Migrant_innen aus den Nachbarländern Argentiniens auseinander und binden diese an die eigene Lebenswelt (Immigration in Deutschland, Emigration aus Deutschland) zurück.

Fachspezifische Kompetenzen: Leserverstehen, Sprechen (eigene Standpunkte darlegen), interkulturelle Einstellungen und Bewusstheit, interkulturelles Verstehen und Handeln.

Kompetenzbereiche des Globalen Lernens: Kritische Reflexion und Stellungnahme, Perspektivenwechsel und Empathie, Verständigung und Konfliktlösung.

Wesentliche Aspekte des Interaktionsgeschehens	Sozialform	Medien/Material	Anforderungsbereiche (Operatoren)

Cover der Zeitschrift La Primera ›La invasión silenciosa‹
Am Beispiel des Zeitschriftencovers setzen sich die SuS mit Stimmungsmache gegen Migration in Krisenzeiten auseinander.
   Methode Partnerübung: Eine Person hält das Cover in den Händen, die andere stellt Fragen dazu (zunächst ohne das Bild selbst zu sehen); später diskutieren beide gemeinsam über das Cover.
   Anschließend fragt die LP, ob die SuS solche Darstellungen auch aus dem deutschen Kontext kennen. Beispiele können vorher recherchiert und mitgebracht werden. Gemeinsam kann überlegt werden, wie man mit solchen rassistischen Darstellungen umgehen sollte.
	Partnerarbeit
	Plenum: gelenktes
	Unterrichtsgespräch
		M 1.9: Cover der Zeitschrift ›La Primera‹	I (describir)
			III (comentar)
			III (comparar)

Interview: ›**Mitos de la invasión silenciosa**‹ Das Zeitungsinterview mit den Soziolog_innen Elisabeth Jelin, Sergio Caggiano y Alejandro Grimson soll die SuS dabei unterstützen, die Ursachen und Formen gesellschaftlicher Vorurteile und Diskriminierung gegenüber Migrant_innen aus den Nachbarländern Argentiniens zu analysieren und zu hinterfragen. Methode World Café: Fünf Gruppen diskutieren je 8 Minuten eine Interviewpassage und bringen sie mit dem Cover in Verbindung; dann Neuzusammensetzung der Gruppen.	Gruppenarbeit (World Café)	**M 1.10:** Zeitungsartikel ›Mitos de la invasión silenciosa‹	I (resumir) III (opinar)

1.1.

Inmigración histórica – Impresiones y ocultamientos

Primera parte: La inmigración europea hacia Buenos Aires a finales del siglo XIX y primeras décadas del siglo XX

▶ **M 1.1: ›La Veloce‹**

Observa la imagen. ¿Qué representa? ¿De qué época podría tratarse? ¿Qué pasaba en esa época en Europa? Discútelo con tu compañero y formula hipótesis.

Compañía naviera ›La Veloce‹, Finales del siglo XIX

▶ **M 1.2: ›La llegada de los inmigrantes‹**

Mira el video ›La llegada de los inmigrantes‹, toma notas y responde a las siguientes preguntas. Luego compara tus notas con las de tus compañeros:

1. ¿Por qué emigraron tantas personas de Europa y en qué años tuvo lugar la emigración masiva?

2. ¿Qué facilitó la migración a Buenos Aires y qué les ofreció el gobierno argentino a los inmigrantes?

3. ¿De qué países provinieron los inmigrantes que llegaron a Buenos Aires y a cuánto ascendió la cifra entre los años 1881 y 1914?

4. ¿A qué problemas se enfrentaron los inmigrantes en Buenos Aires?

5. ¿Qué repercusiones tuvo la inmigración masiva en la economía y en la sociedad argentina?

▶ M 1.3: ›La Argentina, un país de migrantes‹

**Lee el siguiente texto y completa la tabla. Después resume el texto con
tus propias palabras.**

1 receptor =
destinatario

2 impulsor = promotor

3 conveniente = útil

4 amalgama = mezcla

5 sanción =
aquí: aprobación

6 radicación =
asentamiento

7 percepción =
ejercicio

8 lindante =
contiguo

9 retrógado =
reaccionario,
atrasado

10 xenofobia =
odio al extranjero

11 desarticular =
desarmar

»La República Argentina ha sido, desde sus orígenes como nación, [1]
un país receptor[1] de migrantes. Desde fines del siglo XIX importantes
contingentes de población europea comenzaron a llegar al puerto de
Buenos Aires atraídos por las noticias de un campo necesitado de
mano de obra y la posibilidad de una movilidad social inexistente [5]
en sus países de origen. El Estado fue entonces el gran impulsor[2] de
la política migratoria, basando la misma en la idea de que los inmigrantes europeos traían consigo cualidades y especialidades alta-
mente convenientes[3] para una nación en crecimiento.

Esta primera ola inmigratoria fue cambiando toda la estructura [10]
social del país, dando lugar a la construcción de una identidad nacional caracterizada por la amalgama[4] de costumbres y tradiciones
diversas. En la segunda mitad del siglo XX, nuevas corrientes migratorias, ahora de orígenes diferentes, se van incorporando a la
actividad social y económica de nuestro país, reconfigurando sobre [15]
todo el paisaje urbano.

En los últimos años, este proceso se ve consolidado a partir de
la sanción[5] de la nueva ley nacional de migraciones, que reconoce
importantes derechos ciudadanos a los nuevos migrantes, sin distin-
ción de origen, raza o creencia. Así, una vez obtenida su radicación[6] [20]
definitiva, participan en igualdad de condiciones en la percepción[7]
de los beneficios de las políticas sociales tanto universales como
focalizadas, dirigidas a los sectores más necesitados.

Sin embargo, lejos está nuestra sociedad de ser un paraíso para
los extranjeros que llegan a estas tierras. Intereses locales concen- [25]
trados, que cuentan con el favor de los grandes grupos mediáticos
formadores de opinión, crean ámbitos hostiles a su presencia y per-
manencia, lindantes[8] las más de las veces con el más retrógrado[9]
de los sentidos comunes, e incluso con la xenofobia[10]. Así surge la
construcción del ›otro‹, el extranjero, como aquel ser diferente, que [30]
no sólo se constituye en una competencia indeseable, sino que pone
en riesgo el bienestar adquirido. Es tarea fundamental desarticular[11]
esta construcción de sentido para lograr la incorporación plena de
los migrantes a nuestra sociedad.« (...)

Fuente Voces en el Fénix: La revista del Plan Fénix, año 3, número 1,
diciembre 2012.

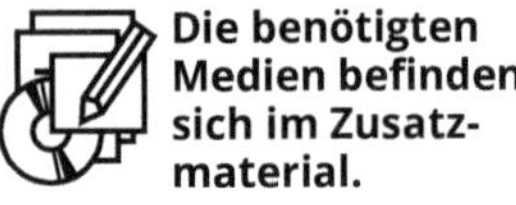

**Die benötigten
Medien befinden
sich im Zusatz-
material.**

Die Zusatzmaterialien enthalten eine Kopiervorlage der Tabelle sowie
eine Musterlösung. Optional finden Sie noch weitere Informationen über
die Migrationsgeschichte von Buenos Aires. Diese können genutzt werden,
um die Tabelle weiter zu ergänzen.

Segunda parte: La inmigración reprimida: La trata de esclavos

Die benötigten Medien befinden sich im Zusatzmaterial.

▶ **M 1.4: ›Los argentinos también descendemos de esos barcos‹**

Ficha técnica

Directora:	Milena Annecchiarico
Producción:	Lucido Films (2012) Buenos Aires – Argentina
Duración:	20 minutos (fragmento: 3 minutos)
Contenido:	El cortometraje documental trata la historia y el legado de los afrodescendientes en Argentina. La supuesta desaparición de esta herencia histórica forma parte de una ideología nacional que proyecta al país como blanco y europeo.

GEALA – Grupo de Estudios Afrolatinoamericanos

Mira el fragmento del video ›Los argentinos también descendemos de esos barcos‹ y responde a las siguientes preguntas. Luego coméntalo con tus compañeros:

1. ¿Qué dicen las personas encuestadas sobre los ›afroargentinos‹?

2. ¿Qué informaciones nos proporciona el video sobre el trato a los ›afroargentinos‹ por parte del estado, de la sociedad y a lo largo de la historia?

3. ¿Cuál es la intención de la directora de la película? ¿Qué mensaje quieren transmitir?

Después del visionado:
En el video se menciona que la injusticia que vivieron los afroargentinos desaparece de la memoria de la gente; se habla de la historia negada.

Y tú, ¿qué opinas? ¿Se deberían recordar estos hechos o deberían quedar en el olvido? ¿Conoces otros ejemplos? Discútelo con tus compañeros.

▶ **M 1.5: ›Milonga‹**

**Vas a escuchar la canción ›Guariló‹ del disco ›Murga Argentina‹ de Juan Carlos Cáceres.
Antes de la escucha:**

1. ¿Conoces algún tipo de música típica argentina? ¿Con qué palabras la describirías?

2. Observa la imagen. ¿Qué tipo de ritmo piensas que vamos a escuchar?

Juan Carlos Cáceres (Buenos Aires 1936 – París 2015) era una de las figuras más influyentes del tango moderno en Argentina. En sus discos como ›Murga Argentina‹ o ›Noches de carnaval‹ se dedicó a desenterrar las raíces africanas del tango y contribuyó a reanimar los géneros de la murga y del candombé, relacionados con la cultura afrodescendiente y especialmente el carnaval rioplatense.

**Die benötigten
Medien befinden
sich im Zusatz-
material.**

Durante la escucha:
**Escucha la canción y completa los espacios en blanco. Coloca si es
necesario los signos de puntuación y el acento ortográfico a las palabras.**

Guariló

Esta es la historia negada

De la __________ de color

Buenos Aires fue otra cosa

Con el __________ del Tambor

La Argentina esta __________

Porque la historia nego

Oculto su __________ india

Y los negros de carbon

__________ le daba al blanco

Esas gentes de ›color‹

__________ ser fuerte y nueva

Y con la Europa se unio

No fue una cosa mala

Pero al color lo __________

Nunca hubo negros decian

Y que verguenza señor

Los negros se __________

De su propia condicion

Y el __________ abandonaron

En busca de otra razon

Los morenos se __________

Y se olvidaron del color

Nada ya queda de __________

Ni siquiera el milongon

Después de la escucha: Busca un sinónimo para las siguientes palabras

vergüenza	
marginar	
avergonzar	
suelo	
carbón	
abandonar	
antaño	

Comenta:
**Según el autor de la canción, ¿por qué no se le da valor a la herencia
africana en Argentina?**

Tercera parte:
Síntesis de las partes I & II y reflexión sobre las impresiones y ocultamientos en la historia oficial de la migración

▶ **M 1.6: Estadísticas sobre la inmigración**

Observa las estadísticas y discutid en pequeños grupos si las siguientes afirmaciones son verdaderas o falsas. Corrigidlas si no lo son. Después formulad tres afirmaciones más para que otro grupo las compruebe.

| Año censal | % de extranjeros en | | Índice de masculinidad | | % en total extranjero | |
	Población total	Población 15-64 años	Argentino	Extranjero	Limítrofe	Resto
1855	35,3	43,9	66,9	222,6	13,1	86,9
1869	49,3	64,2	72,5	222	8,7	91,3
1887	52,3	69,7	86,2	184,9	6,1	93,9
1904	45	63,8	92,5	135,9	7,9	92,1
1914	49,3	64,6	97,8	141,3	4,8	95,2
1936	36,1	43,4	88,9	120,9	4,8	95,2
1960	22,9	23,1	83,5	103	7,9	92,1
1980	13,5	11,7	83	84,8	25	75
2001	11,4	12	84	74,6	46,4	53,6
2010	13,2	15	86,1	79,4	54,5	45,5

Tabla 1: Indicadores demográficos de la población nativa y extranjera.
Ciudad de Buenos Aires. Años censales 1855/2010.

Lugar de nacimiento	1980	1991	2001	2010
Bolivia	10.422	17.778	50.131	76.609
Brasil	4.291	4.011	5.341	10.357
Chile	11.884	13.618	9.504	9.857
Paraguay	26.593	28.784	46.942	80.325
Uruguay	43.367	47.977	34.625	30.741
Perú	1.650	3.633	38.858	60.478
Alemania	6.525	3.514	2.445	2.321
España	112.405	69.769	39.270	26.282
Francia	3.257	2.234	2.372	2.838
Italia	89.909	54.098	33.935	22.168
China ...	-	3.575	2.786	3.932
Corea ...	-	8.165	6.685	6.242
Japón	2.713	1.867	1.742	1.484
Resto	73.845	54.891	41.023	48.144
Total	386.861	313.914	315.659	381.778

Tabla 2: Población extranjera según lugar de nacimiento.
Ciudad de Buenos Aires,1980/2010.

Fuente Dirección General de Estadística y Censos:
www.buenosaires.gob.ar /areas/hacienda/sis_ estadistico/ir_2011_471.pdf.

	V	F
1. En los últimos 150 años en la Argentina la población feminina ha sido mayor que la masculina. Correcto:		
2. Entre 1887 y 1914 más del 40 % de la población de Buenos Aires estaba conformada por extranjeros. Correcto:		
3. En el año 2010 la mayoría de inmigrantes a Buenos Aires provino de los países vecinos. Correcto:		
4. Hoy en día viven en Buenos Aires más asiáticos que europeos. Correcto:		
5. En ningún momento de la historia inmigraron a Argentina personas provenientes de África. Correcto:		
6. Las estadísticas son fuentes objetivas sobre el número de personas que inmigraron a Buenos Aires. Correcto:		

1.2.

. . . .

Migración en la Argentina de hoy – motivos y circunstancias

. . . .

▶ **M 1.7: Natividad Obeso: La historia de una luchadora**

**Lee la siguiente entrevista a Natividad Obeso, peruana refugiada en la
Argentina.**

. . . .

Natividad Obeso

Durante muchos años Natividad Obeso estuvo, no solo al frente de 1
AMUMRA, sino al frente de muchas luchas, que pudieron ganarse o no
(de hecho muchas se ganaron y otras todavía se están librando), pero
sin duda marcaron el camino …

–Quién es Natividad Obeso, preséntate por favor … 5

–Me llamo Natividad Obeso, soy peruana de la provincia de Cajabamba,
del departamento de Cajamarca, de la Sierra Norte del Perú.
Vine en junio de 1994, corriendo de mi país, porque me habían involu- 10
crado[1] en hechos de terrorismo, y la única manera de no ir a la cárcel,
era saliendo de Perú. Como yo sabía que era inocente antes de ir a la
cárcel, preferí huir.
Yo era padre y madre de mis 4 hijos, y no podía estar en la cárcel, entonces dejé a mis hijos con mi madre y emprendí el viaje … 15
Cuando llegué aquí, a Argentina, pasé situaciones muy difíciles (y ese
recuerdo parece que le duele el alma). Me considero una persona que por
mi condición de migrante, y acusada de terrorismo, pagó un muy buen
derecho de piso en este país. Yo no venía buscando una mejor condición
económica, si no porque me perseguían en Perú … Aquí, las pasé todas. 20

**–¿Cómo es alejarte de tus hijos, de tu familia? El tener que escaparte y
saberte inocente …**

[…] Tuve que venir y soportar discriminación, explotación, xenofobia, 25
humillación[2], sometimiento, digo esto porque las tuve que pasar. Me
pasó de todo: me agarró la policía, me sacaron todas mis pertenencias,
me hicieron barrer toda la comisaría y 24 horas después me soltaron. En
ese momento yo no sabía dónde ir, ni a dónde acudir ya que me >corrían<
con el discurso que como yo estaba perseguida, no me convenía hablar, 30
ni denunciar ya que me podían deportar. Entonces me lo callé todo. […]

–¿Y con respecto a[3] conseguir un trabajo?

–En ese momento el único empleo que había para las migrantes era ser 35
empleada doméstica y tuve que serlo: trabajaba 18 horas diarias. Más
allá del trabajo que era necesario, me servía para alivianar[4] mi situación
en ese momento, una situación muy triste ya que extrañaba horrores a
mis hijos, a mi madre, a mi gente …

40

–¿En ese tiempo pudiste ver a alguien de tu familia?

–Después de varios años de estar en esa situación, mi hermano vino a
verme desde Perú, ya que le habían dicho que yo estaba mal, muy triste
y desmejorada[5]. Cuando llegó me hizo entender que yo no era así, me 45
trajo muchos videos de cómo era yo realmente cuando estaba bien:
yo era empresaria en mi país y él todos los días me ponía esos videos
para que yo pudiera recordar a la Natividad que realmente era. La verdad

1 involucrar =
implicar

2 humillación =
desprecio, ofensa

3 con respecto a =
acerca de

4 alivianar = facilitar

5 desmejorar =
decaer, debilitar

www.amumra.org.ar/natividad_obeso

50 que aparte de las terapias que yo recibía, eso me ayudó mucho a salir, y me
dio muchas energías, me ayudó a levantarme porque me hacía reflexionar
sobre mi persona, y en lo que me había convertido.

–Una gran ayuda en el momento justo ...–

55

Sí. Con mi hermano pusimos un locutorio[6] y dejé de trabajar como trabajadora del hogar ya que recibí una reprimenda[7], no merecida. [...] Por este
negocio comencé a tener mucho contacto con mujeres migrantes, especialmente las peruanas, y para mí era un reflejo de mi vida, ver todos los días
60 en ellas cada vez que colgaban el teléfono los llantos, lágrimas, tristeza,
y yo pensaba que no estaba sola. Así fue que empecé a tener un poco más
de relación con mi comunidad y les daba consejos a las mujeres, que no se
dejaran avasallar[8], que se hagan respetar.

65 –¿Así surgió la idea de formar una asociación?

[...] En Argentina, la única organización (de la comunidad de migrantes)
que existía en ese momento era ›Señor de los Milagros‹ y eran todas de
varones. No había grupos de mujeres y mi mayor contacto era con mujeres,
70 entonces creamos primero ›Mujeres en acción‹ y así otras hasta llegar a
AMUMRA [...].

–¿Cuál era el mayor objetivo de esta asociación?

75 Mi principal objetivo, tanto con esta asociación, como con las que vinieron
después era terminar con el dolor de la gente. [...]
Tuve que soportar muchas humillaciones, de diversas personas, como
también de mi propia comunidad. Una de las causas de ello fue porque en
ese momento toda la documentación se hacía por medio de gestores[9], y al
80 momento en que se aprobó la ley de migraciones, se le acabó la ›minita de oro
de esta gente‹, entonces me tenían cierto recelo[10] o por lo menos yo lo sentía.

–¿Quién es el responsable de la situación de los inmigrantes?

85 Es responsabilidad de los gobiernos de origen y de destino. Mucho más
del de origen, pero hacen oídos sordos. Para las autoridades somos como
mulas de carga, que tenemos que trabajar y trabajar cuando estamos en
el exterior, para enviar dinero a los países de origen, remesas, entonces
creo que tiene que haber un poco más de responsabilidad en los países de
90 origen y tratar de generar políticas migratorias, sobre todo basadas en los
derechos humanos.

–La ley argentina ahora contempla los derechos humanos –

95 Si bien Argentina ahora tiene una política migratoria basada en los derechos humanos, todavía hay muchas dificultades: los migrantes todavía
no estamos insertos[11] totalmente en la sociedad, todavía seguimos siendo
objetos no sujetos.
Cuando recién nos organizamos para armar la ley de migraciones éramos
100 alrededor de 200 personas y terminamos 20 trabajando por ella.
A mí me encontrabas en el Senado, en el Congreso cuando estaban a punto
de aprobar[12] la ley... llega un momento en que la gente no se compromete.
Después todo el mundo dijo que había participado y contribuido a la aprobación de la ley. Pasó lo mismo con la Ley del Refugiado, y con la Convención
105 de los derechos de todos los Trabajadores Migrantes.

–¿Qué significan realmente estas leyes para los migrantes?

–Significa que pudimos cumplir un objetivo: la documentación, ya que lo
110 importante en el país de destino es el documento ya que con un documento
hay menos opción de rechazo, de discriminación, de violación [...]

[6] locutorio = Call Shop

[7] reprimenda =
amonestación

[8] avasallar =
abusar, oprimir

[9] gestor = agente

[10] recelo = celos

[11] insertar = incluir

[12] aprobar =
aceptar, ratificar

Fuente
*www.amumramujeresmi-
grantes.blogspot.de
/2010/03/natividad-obeso-
la-historia-de-una.html*
(Acceso: 15.05.2016)

1. **¿Qué quiere decir Natividad Obeso con las siguientes expresiones?**
   - »pagar derecho de piso« (línea 20–21)
   - »aquí las pasé todas« (línea 22)
   - »correr con el discurso« (línea 31–32)
   - »acabar con la mina de oro« (línea 84)
   - »ser una mula de cargo« (línea 91)
   - »hacer oídos sordos« (línea 90)

2. **¿Hay algo más que te gustaría saber sobre ella?**
   ¿Qué otras preguntas le harías, si tuvieras la oportunidad?

3. **Elije una de las siguientes tareas y escribe un texto de por lo
   menos 200 palabras:**
   - Escribe un diálogo entre Natividad y su hermano llevado a cabo
     cuando él la visitó en Buenos Aires.
   - Redacta una carta de despedida a los integrantes de AMUMRA.
   - Escríbele una carta a Natividad.
   - Cuéntale a una amiga en un correo electrónico lo que has aprendido
     de la entrevista a Natividad.
   - Imagínate que tú eres Natividad. Escríbele una carta a una amiga que
     vive en el Perú y cúentale sobre tus experiencias en Argentina.

4. **Lee nuevamente la entrevista en voz alta y transforma dos párrafos al
   estilo indirecto.**

▶ **M 1.8: El inmigrante como sujeto de ciudadanía en la Argentina de hoy**

**En esta entrevista cuatro inmigrantes comentan sus experiencias de
ingreso al país y exponen su visión sobre la realidad actual y la discrmina-
ción.**
   **Lee la entrevista y elige junto con dos compañeros una de las cuatro per-
sonas para redactar un retrato. Debéis incluir por lo menos las siguientes
informaciones: nombre, edad, profesión, país de procedencia, motivo de la
emigración/inmigración a la Argentina, relación personal con la Argentina.**

Fuente
www.sur.infonews.com
/notas/el-inmigrante-
como-sujeto-de-ciudada-
nia-en-la-argentina-de-hoy
(Acceso: 15.12.2016)

La Argentina, un país aluvional[1], recibe inmigrantes de las más diversas nacionalidades; quisiera que ustedes cuenten cómo los recibieron en su momento y como ya llevan algunos años aquí, cómo ven las cosas y, a su criterio, qué deberían tener en cuenta las autoridades y los ciudadanos en el tema migratorio.

Obadiah Alegbe (O.A.): –Yo estaba viviendo en Liberia y cuando en la embajada[2] argentina se enteraron[3] de que yo quería venir y fui por la visa, toda la embajada, el embajador, el ministro embajador Hipólito Barrero, que fue médico personal de Juan Domingo Perón[4], vinieron y me dieron un saludo; eso lo vi como un ritual de bienvenida, así que ese momento pude ver cómo era la gente.

–**¿Por qué Argentina? Viniendo de Nigeria, un país muy numeroso, muy populoso, que tiene petróleo ...**

O. A.: –Sí, yo pensaba ir a América del Norte o Europa, pero estaba dictando clases de matemática en una escuela secundaria en Liberia y mi colega me dijo »¿por qué querés ir a América? Andá a la Argentina.« Le dije »¿Argentina?«, »Sí«, que el embajador de Argentina es un amigo. »Bueno, vamos a ver cómo es«. Entonces me llevó a la embajada argentina y el trato fue muy bueno; mientras que para ir a la

1 aluvional = inundado

2 embajada =
  dt. Botschaft

3 enterarse =
  saber, conocer

4 Juan Domingo Perón =
  presidente de
  Argentina
  (1946–1955/1973–1974)

embajada norteamericana es toda una historia, la embajada argentina
tiene las puertas abiertas. Entonces dije, »¿para qué pierdo tiempo?
25 Tengo el pasaporte, me salió la visa« … y vine.

– Me gustaría saber, en tu caso Nilda, cómo fue la decisión de venir.

Nilda N. C.: – Bueno, la decisión fue más que todo cambiar porque en
30 nuestro país había mucha escasez de trabajo. Y más que todo decidí
venir por cambiar la cultura, no quiero con esto decirle a mi país que
no tiene una cultura muy rica. Me llamaba la atención de la Argentina,
siempre supe de que son muy familieros, y yo admiro a la Argentina
que cuando salen de vacaciones salen con toda la familia, hay una
35 prioridad para los hijos. Y eso es lo que más me gustó y dije »No, mi
vida tiene que ser diferente«. Yo vine con un hijo de dos años, y él
ahora ya termina la carrera de economía en la Universidad de Buenos
Aires. Estudió acá toda la primaria, secundaria. También tengo un hijo
que estudia ingeniería. Y yo agradezco a la Argentina, le debo la vida,
40 y a Bolivia le debo el corazón.

– Soledad Crispín, has venido de Perú.

S. C.: – Yo vine a este país porque tenía una amiga que ya estaba acá
45 y me decía que en este país la situación económica era mejor, que los
trabajos eran bien pagados. Y bueno, un día decidí venirme. Hicimos
un sacrificio[5] grande, porque yo dejé a toda mi familia, mis tres hijos
y mi marido. Entonces me vine en colectivo en la agencia El Rápido;
yo me acuerdo hasta el día de hoy, porque son recuerdos buenos que
50 uno sale de su país en busca de un futuro mejor. Yo tenía 35 años. Vine
acá y lo que me acuerdo hasta el día de hoy es que este país lo pisé con
50 dólares en mi bolsillo. Llegué a un hotel Atlas, en Larrea y Córdoba.
Me hospedé ahí. Tuve la suerte, y gracias a dios, que al segundo día de
pisar la Argentina trabajé como empleada doméstica y fui bien acogida[6]
55 por toda la familia de esa casa, donde trabajo hasta el día de hoy.

– ¿Qué fue de tu marido y de tus hijos?

S. C.: – Quedaron allá, y gracias a que yo trabajaba (y allá la situación
60 económica se puso un poco más crítica para mi marido, que trabajaba
en la pesca) decidí que al año que yo estuviese acá se viniera él. Fui a
Perú, conversé con él y volvimos a regresar los dos. Y trabajamos acá
para educar a mis hijos, que todavía estaban chicos, hasta que tuvieran
una edad más o menos… al menor lo dejé de 9 años, a la segunda de 15
65 y a la tercera de 18. Después, la mayor se me casó antes de que tuviera
la posibilidad de traerla a la Argentina. Vine con los dos menores, que
terminaron el secundario en Perú, y para que vengan acá, vean la
situación, cómo es, y que ellos decidieran si se quedaban a estudiar
acá conmigo o regresaban a su país.
70

– José Wang, venís desde muy lejos.

J. W.: – Yo vengo de un pueblo chino que cuando me fui tenía como
200.000 habitantes, no más. Ahora hay más. Bueno, yo vine por mi
75 padre. Mi padre venía aquí, un turista, por el año 1986, para ver a su
tío. Volvió a China, me contó: »Si usted quiere trabajar y cambiar de
vida tiene que ir a otro lugar, porque si quedar en el mismo lugar no
va a cambiar nunca«. En ese momento estaba trabajando en fábrica
de detergente. Y estudiaba mecánico de automóvil. Bueno, ahí me
80 pagaban muy poco. Mi mamá dice: »Bueno, vamos a conseguir visa,
vaya a Argentina a buscar tu vida«. Ahí vinimos, yo con mi hermano y
mi mamá. Llegamos a Argentina, uno no puede ni hablar, no entendía
nada de castellano.

[5] sacrificio = dt. Opfer

[6] acoger = recibir

–¿Te daban ganas de volver a tu pueblo?

J. W.: –Esa sensación, en principio sí. Ahora, ya aquí estoy bien, estoy mucho mejor. Y a veces vuelvo a China a ver mi familia y los amigos. Y bueno, alguno está viviendo mejor que yo, pero la mayoría está viviendo en nivel inferior que el mío, entonces estoy contento (...)

–Me decían hace un rato que acá hay muchos más senegaleses que vienen de ex colonias francesas que de tu país.

O. A: –En el principio había más nigerianos pero ahora hay una corriente de Senegal y Malí, que ha superado la de los nigerianos. Nigeria tiene cada vez más problemas, y yo tengo problemas en este momento para traer a mi sobrino de 25 años porque la embajada argentina le pide que tenga una cuenta bancaria, si no no le van a recibir los papeles, cuando yo ya hice mi declaración jurada, mandé certificado y todo para que mi sobrino venga a conocer a su primo hermano, mi hijo argentino. Y entonces estamos teniendo muchas trabas[7], parece que cerraron las puertas de Nigeria.

–Nilda, tu experiencia, tu vida aquí, tu sensación de cómo son el resto de los conciudadanos[8], porque todos somos ciudadanos, nacidos en un lugar o en otro.

N. C.: –Sí, en realidad no puedo quejarme de la Argentina. Para mí la puerta se me abrió. Por eso, siempre digo, voy, doy ese mensaje a las demás personas, que acá el que golpea la puerta me escucha. Y sí, no diré que...la mayor parte son muy buenos, pero una parte siempre hay que nos molesta por el físico que tenemos como bolivianos, y bueno...sí, eso sentí, pero no tanto.

(...)

–José, ¿nos podés contar cómo funciona económicamente cada vez que una familia china quiere venir acá? ¿Es cierto que reciben créditos de la Banca China para venir y establecerse o es en base al sacrificio, al ahorro y al apoyo de otros chinos que acá los reciben?

J. W.: –No, Banca China no te apoya nada, todo es un sacrificio de familia. La familia... también depende usted cómo se comporta, si usted es un trabajador, ya venía responsable de chico y la gente sabe que vos vas a tener trabajo y vas a devolver plata, ahí te va a prestar plata[9], si no es muy difícil conseguir crédito en Banca China. Eso es mentira. ¿Con qué? Ningún banco va a perder plata.

–¿Y en otros países también hay muchos supermercados al estilo de los que hay en la Argentina, gerenciados[10] y con dueños chinos?

J. W.: –Yo otro país no fui. Aquí Argentina único hasta ahora. Pero elegimos el rubro[11] tipo almacén, supermercado, para mí es por la costumbre y por idioma. Si yo dirijo un taller de cualquier rubro necesitas mucho idioma, y la competencia también existe. En cambio, el supermercado, si uno quiere trabajar, un negocio abrir 8 horas vos podés abrir 9 horas, uno abre 10 horas, vos podés abrir 11 horas. Y uno vende un producto 11 pesos, vos podés vender 10,5 y eso te garantiza ganancia, y no hace falta mucha habla. La gente mira precio y ya está.

–¿Qué experiencia tienen cada uno de ustedes respecto de lo que les costó tramitar la documentación en los momentos que llegaron y qué saben de cómo funciona en la actualidad?

O. A.: –Vine en otra época, época de facto, fue duro, pero en Argentina siempre hay un abrazo que mi experiencia lo demuestra, inclusive

[7] traba = obstáculo

[8] conciudandanos = compatriotas

[9] plata = coloquial: dinero

[10] gerenciar = administrar

[11] rubro = rama, sector

Mirko Petersen

Barrio Chino en Buenos Aires

me habían negado solicitud de residencia; sin embargo, otros argentinos intervinieron y se resolvió. Pero fue dura la época que para
sacar número había que estar en la cola a las 3 de la mañana, pero
150 entonces me emocioné cuando fui a Inmigraciones el otro día, y más
como ingeniero electrónico, y vi toda la tecnología que ha puesto este
gobierno, ahora, y realmente es un paraíso respecto al infierno que vi
cuando llegué de París. Para mí Argentina es el mejor país del mundo.

155 **–¿Cómo lo ves, Nilda?**

N. C.: –Antes, en cada trámite[12] teníamos que pagar, había una burocracia total que se notaba, había muchos gestores[13] que nos engañaban,
cobraban 1.000, 1.500 en dólares, y se abusaban. ¿Cómo íbamos a
160 conseguir la plata trabajando? Si hacíamos el trámite ya no podíamos trabajar y poder conseguir eso. Y en el 2003 empezamos ya a
caminar, a querer decir »basta«. Y vi un cambio a partir de hace 3 ó
4 años, ahora en dos semanas te entregan el documento a domicilio,
y agradezco a Inmigraciones el cambio.
165

–¿Soledad?

S. C.: –Antes, para sacar un documento había que hacer un contrato de
trabajo, lo cual se me facilitó porque yo, como les dije antes, ingresé
170 a trabajar el segundo día que llegué, y me demoró[14] porque es un trámite muy grande, hay que sacar varias cosas, antecedentes[15] de Perú,
antecedentes de este país, la partida de nacimiento para extranjería[16],
un montón de trámites así chicos, pero ahora es un poco más rápido,
menos costoso y es todo por teléfono, no hay que ir a formar colas,
175 no hay que ir a pasar horas parada, ahora es por teléfono, tienes tu
cita, vas y todo es más rápido, no hay un contrato de trabajo, absolutamente nada.

–José, tu opinión.
180

J. W.: –Sí, para mí también ahora es mucho más fácil que antes. Muy
fácil sacando documento. Si vos comporta bien, no hace nada ilegal y
trabaja, casi tiene todo.

....

**Actividad opcional: Seguramente te has dado cuenta de que el español
de José Wong todavía no es tan perfecto. Imagínate que eres compañero
de José en el curso de español. Ayúdale a corregir los errores ortográficos y gramaticales antes de que se publique la entrevista.**

**¿Hay otras diferencias del habla de los argentinos comparado con el
castellano de los españoles?**

....

[12] trámite = gestión

[13] gestor = agente

[14] demorarse =
tardarse

[15] antecedente =
precedente,
dt. Führungszeugnis

[16] extranjería =
dt. Ausländerbehörde

Fuente
*www.sur.infonews.com
/notas/el-inmigrante-
como-sujeto-de-
ciudadania-en-la-argen-
tina-de-hoy*
(Acceso: 15.12.2016)

1.3.

....

Migración y sociedad

....

Portada de la revista ›La Primera‹, 04.04.2000

▶ **M 1.9: La invasión silenciosa**

1. **¿A qué crees que hace referencia la frase ›La invasión silenciosa‹?**

2. **Observa la portada de la revista ›La Primera‹, descríbela y discute con tus compañeros:**
   - ¿Cómo se representa la migración en la portada?
   - ¿Qué miedos transmite?
   - La sociedad argentina se describe como una sociedad de inmigrantes. ¿Coincide la portada de la revista con esa afirmación?
   - ¿Recuerda anuncios o campañas en Alemania similares a esta imagen?

3. **Comenta en el pleno: ¿Qué piensas que suscitó este titular en Argentina? ¿Cómo crees que reaccionó la población?**

Die benötigten Medien befinden sich im Zusatzmaterial.

....

▶ **M 1.10: La mentira de la invasión silenciosa**

Vas a leer una parte de la entrevista a tres sociólogos argentinos: Elizabeth Jelin, Sergio Caggiano y Alejandro Grimson: »Mitos sobre los inmigrantes de países limítrofes. La mentira de la invasión silenciosa«.

1. **Formad cinco grupos. Cada grupo va a leer una parte de la entrevista.**

2. **Resumid el contenido de vuestro texto y discutid en el grupo, ¿cuál es la relación entre la portada ›La invasión silenciosa‹ y la parte del texto que habéis leído?**

3. **¿Cómo evaluan los entrevistados la portada? ¿Qué pensáis de sus argumentos?**

Die benötigten Medien befinden sich im Zusatzmaterial.

Texto abreviado.
Fuente ELIZABETH JELIN, SERGIO CAGGIANO Y ALEJANDRO GRIMSON: MITOS SOBRE LOS INMIGRANTES DE PAISES LIMITROFES »La mentira de la invasión silenciosa«, pagina 12, 18 de septiembre de 2006, Texto completo en:
www.pagina12.com.ar
/diario/dialogos/
21-73179-2006-09-18.html
(Acceso: 15.12.2016)

Página|12

Dialogos | Lunes, 18 de septiembre de 2006

ELIZABETH JELIN, SERGIO CAGGIANO Y ALEJANDRO GRIMSON: MITOS SOBRE LOS INMIGRANTES DE PAISES LIMITROFES

"La mentira de la invasión silenciosa"

Bolivianos, paraguayos, peruanos, chilenos y uruguayos han sido chivos expiatorios muchas veces de un discurso político que prefiere no asumir su propia responsabilidad. Los inmigrantes de países limítrofes han sido culpabilizados de la desocupación o el mal funcionamiento de los hospitales, entre otros mitos.

Por Mariana Carbajal

–¿Hubo un aluvión migratorio de países limítrofes en la década del '90?

Elizabeth Jelin: –La investigación histórica muestra que la proporción de población argentina originaria de países limítrofes ha sido constante por casi 150 años. Desde que se tienen datos –la primera mención es en el censo de 1869– hasta el último censo, entre 2 y 3 por ciento de la población del país es nacida en Paraguay, Bolivia, Uruguay, Chile, y Perú. De modo que en términos de peso en la población de Argentina no ha habido grandes variaciones. En general, cuando el tipo de cambio

MARTIN BREUER, CATALINA CALERO & OLAF KALTMEIER

LIMA: MIGRAR A LA CIUDAD DE LOS REYES

Die Unterrichtseinheit ›Migrar a la ciudad de los reyes‹ thematisiert die vielschichtige Gegenwart und Geschichte von Migrant_innen in Lima. Dabei bringt das Material den Lernenden Fragen nach den globalen wie regionalen Dimensionen von Migration näher. So wird zum Einstieg ein peruanischer Zeitschriftenartikel, der die jüngste Einwanderungswelle junger Spanier_innen nach Lima aufgreift, analysiert (2.1.). Davon ausgehend werden der historische Kontext von Lima als ›Stadt von Migrant_innen‹ erarbeitet und mit dem Dokumentarfilm ›Peces de Ciudad‹ die Lebenssituation sowie die Hoffnungen und Ängste von jungen Migrant_innen aus dem Andenhochland in den Armenvierteln in den Blick genommen (2.2.). Im anschließenden Teil der Einheit sollen sich die Lernenden in einem Rollenspiel zu den Konflikten rund um die Straßenverkäufer_innen in Limas historischem Stadtzentrum positionieren, die zum großen Teil aus dem Hochland eingewandert sind und reflektieren so die Interessenskonflikte, die mit Migrationsbewegungen einhergehen können (2.3.). Im abschließenden optionalen Teil erarbeiten die Lernenden mit der Kurzgeschichte ›Paco Yunque‹ einen emblematischen Text der peruanischen Literatur, der die Migrationsgeschichte eines Kindes mit der Kritik an sozialer und ethnischer Ungleichheit und Unterdrückung verbindet (2.4).

Die Arbeitsaufträge decken die Bereiche des Hör- und Leseverstehens sowie der Textproduktion und mündlichen Präsentationen zu gleichen Teilen und methodisch vielfältig aufbereitet ab. Die Materialien bestehen aus journalistischen und literarischen Texten der peruanischen Kulturproduktion sowie einem Ausschnitt des Dokumentarfilms ›Peces de Ciudad‹. Sie geben authentische Stimmen von Migrant_innen in Lima wieder, die es den Lernenden ermöglichen, eine eigene Position zu mit verschiedenen Migrationsprozessen einhergehenden Fragen und Konflikten einzunehmen. Dabei können je nach verfügbarer Unterrichtszeit und Lernniveau der Gruppe bestimmte Materialien optional bearbeitet und der Fokus je nach Bedarf individuell ausgerichtet werden (siehe Verlaufsplan).

Überblick über die einzelnen Unterrichtseinheiten

2.1. Introducción: ›Los Nordacas llegaron ya‹
Karikatur und Artikel führen in den Migrationskontext ein.

2.2. Contexto histórico y documental ›Peces de Ciudad‹
Die SuS beschäftigen sich mit der jüngeren Migrationsgeschichte Limas, insbesondere Aspekten der Binnenmigration.

2.3. Juego de roles ›La invasión ambulante‹ y campañas políticas
Mittels eines Rollenspiels setzen sich die SuS mit der sozialen Problematik von Migration nach Lima auseinander.

2.4. Cuento ›Paco Yunque‹ (optional)
Die SuS analysieren Migration und soziale Ungleichheit als literarische Thematik.

Übersichtstabellen zur Unterrichtsplanung

2.1. Introducción ›Los Nordacas llegaron ya‹

Ziele: Kennenlernen von Lima als einer Stadt, die sowohl historisch durch starke Binnenmigration aus dem Umland, als auch in jüngster Zeit durch europäische Einwanderung sowie einen starken Gegensatz zwischen Arm und Reich geprägt ist.

Fachspezifische Kompetenzen: Leseverstehen, Textverständnis, soziokulturelles Orientierungswissen zu gegenwärtigen gesellschaftlichen Diskussionen, an Gesprächen teilnehmen.

Kompetenzbereiche des Globalen Lernens: Erkennen von Vielfalt, Perspektivenwechsel, Verständnis globalen und historischen Wandels.

Wesentliche Aspekte des Interaktionsgeschehens	Sozialform	Medien/Material	Anforderungsbereiche (Operatoren)
Die LP zeigt die Karikatur ›**Los Nordacas llegaron ya**‹ und stellt Diskussionsfragen. Die SuS erkennen, dass es sich um eine peruanische Karikatur handelt, die die Ankunft spanischer Einwanderer thematisiert und dabei auf die häufig negative Darstellung lateinamerikanischer Migrant_innen in Spanien anspielt und diese umkehrt.	Plenum: gelenktes Unterrichtsgespräch	**M 2.1:** Karikatur ›Nordacas‹	I (describir)
Die SuS lesen den Zeitungsartikel ›**Los Nordacas llegaron ya**‹, der die Umkehr bisheriger Migrationsströme zwischen Peru und Spanien aufgrund der ökonomischen Krise auf der iberischen Halbinsel nach 2008 thematisiert und beantworten in Partnerarbeit Fragen auf einem Arbeitsblatt, die anschließend im Plenum abgeglichen und besprochen werden.	Partnerarbeit Plenum: gelenktes Unterrichtsgespräch	**M 2.2:** Arbeitsblatt zum Leseverstehen	I (resumir) II (relacionar) II (exponer)
Die SuS beschreiben zunächst mündlich im Plenum, wie Peru im vorherigen Text dargestellt wird. Die LP legt dazu eine Mindmap als Tafelbild an. Im nächsten Schritt erweitern die SuS die Mindmap mit ihren eigenen Vorstellungen von Lima. Abschließend zeigt die LP Fotos von Lima und eine Statistik zum Bevölkerungswachstum der Stadt. Die SuS ergänzen die Mindmap durch ihre Beobachtungen.	Plenum: gelenktes Unterrichtsgespräch	**M 2.3:** Musterlösung Mindmap **M 2.4:** Fotos von Lima **M 2.5:** Statistik zum Bevölkerungswachstum von Lima	I (describir) II (analizar) III (opinar)
Zum Abschluss (als Hausaufgabe) bearbeiten die SuS einen von zwei Texten zum historischen Kontext der Migrationsgeschichte Limas.	Einzelarbeit	**M 2.6:** Text ›Migración internacional‹ **M 2.7:** Text ›Migración interna‹	

2.2. Contexto histórico y documental ›Peces de Ciudad‹

Ziele: Die SuS erhalten grundsätzliche Informationen über die Migrationsgeschichte Perus und Limas und können die Merkmale internationaler
und interner Migrationsprozesse unterscheiden und vergleichen. Darauf
aufbauend vertiefen sie die Problematik der Situation junger armutsmoti-
vierter Binnenmigrant_innen in Lima und setzen sie mit den Vorstellungen
der jungen spanischen Einwander_innen aus der Einstiegseinheit in Verbindung.

Fachspezifische Kompetenzen: Sachtexten Informationen entnehmen
und widergeben, Texte verfassen, Hör(seh)verständnis, soziokulturelles
Orientierungswissen zu Alltagswirklichkeiten junger Menschen und gegenwärtigen politischen Diskussionen.

Kompetenzbereiche des Globalen Lernens: Perspektivenwechsel,
Empathie, Erkennen von Vielfalt.

Wesentliche Aspekte des Interaktionsgeschehens	Sozialform	Medien/Material	Anforderungsbereiche (Operatoren)
Die SuS besprechen die (als Hausarbeit) bearbeiteten Texte zum historischen Kontext der peruanischen Migrationsgeschichte. Zunächst finden sie sich in Paaren zusammen (je ein Partner von Text A und Text B) und fassen die Kernaussagen ihres Textes für den Partner zusammen. Abschließend beantworten sie gemeinsam übergreifende Fragen zu beiden Texten, die dann im Plenum zur Ergebnissicherung besprochen werden.	Plenum Gruppenarbeit	**M 2.6:** Text ›Migración internacional‹ **M 2.7:** Text ›Migración interna‹	I (resumir) I (presentar) II (relacionar) III (opinar)
Dokumentarfilm ›**Peces de Ciudad**‹ **A)** Im Unterrichtsgespräch analysieren die SuS zunächst den Titel des Films und stellen Hypothesen über den Inhalt an. **B)** Anschließend werden sie in drei Gruppen eingeteilt, die je eine von drei Fragen für das Hörverstehen erhalten. **C)** Die SuS sehen einen Ausschnitt aus dem Film (ca. 17 min.) und notieren die für ihre Frage relevanten Informationen. **D)** Die Expert_innengruppen tauschen ihre Ergebnisse zu den jeweiligen Leitfragen aus. In großen Klassen können die Expert_innengruppen vorher halbiert oder gedrittelt werden. **E)** Es werden neue Gruppen gebildet mit jeweils (mindestens) einer Person für jede Frage. Gemeinsam füllen sie das Arbeitsblatt aus. Ein oder zwei Gruppen können ihre Ergebnisse auf eine Folie übertragen und im Plenum vorstellen. **F)** Die Ergebnisse werden im Unterrichtsgespräch reflektiert und mit dem Erlernten aus der ersten Eingangsstunde in Zusammenhang gebracht.	Plenum Einzelarbeit Gruppenarbeit	**M 2.8:** Filmausschnitt ›Peces de Ciudad‹; DVD-Player + Beamer **M 2.9:** Arbeitsblatt ›Peces de Ciudad‹	I (resumir) I (presentar) III (juzgar)
Interview ›**Sra. Grimanesa**‹ Die SuS reflektieren die Perspektive einer erfolgreichen Migrantin aus den ländlichen Regionen Perus und setzen ihre Biographie in den Kontext des bisher Erlernten.	Einzelarbeit	**M 2.10:** Interview ›Sra. Grimanesa‹	I (describir) III (redactar)

2.3. Juego de Roles ›La Invasión Ambulante‹ y campañas políticas

Ziele: Ausgehend von der Biographie der Unternehmerin Grimanesa Vargas wird ein anderer Blick auf das Thema der Binnenmigration vermittelt. Die unterschiedlichen Blickwinkel und Perspektiven werden in dem Rollenspiel zur Situation ambulanter Straßenverkäufer_innen vertieft und abgewogen.

Fachspezifische Kompetenzen: Rollen in einem Gespräch vertreten, Meinungen darlegen, interkulturelles Verstehen und Handeln, mit Handlungsmustern und Argumenten von Akteuren auseinandersetzen.

Kompetenzbereiche des Globalen Lernens: vernetztes Denken, Perspektivenwechsel. Gesellschaftliche Handlungsebenen erkennen und bewerten.

Wesentliche Aspekte des Interaktionsgeschehens	Sozialform	Medien/Material	Anforderungsbereiche (Operatoren)
Die SuS gleichen im Unterrichtsgespräch die Ergebnisse der Einzelarbeit aus der vorherigen Stunde bzw. der Aufgaben zum Interview mit Sra. Grimanesa ab. Die angefertigten Texte können durch die LP eingesammelt und korrigiert werden oder es wird eine Auswahl im Plenum vorgelesen und besprochen. Im Unterrichtsgespräch wird reflektiert, dass es sehr wohl auch in Lima für Migrant_innen aus der Sierra Möglichkeiten gibt, der Armut zu entkommen. Die Biographie der Sra. Grimanesa wird mit der Darstellung im Film ›Peces de Ciudad‹ in Verbindung gesetzt und bewertet.	Plenum: gelenktes Unterrichtsgespräch		II (relacionar/comparar) III (juzgar)
Die SuS erhalten ein Arbeitsblatt mit einem kurzen Info-Text zur Situation von Straßenverkäufer_innen im Zentrum von Lima. Anhand des Arbeitsblattes erklärt die LP das Szenario für das anschließende Rollenspiel mit fünf Rollen, in dem die Fernsehtalkshow ›La invasión ambulante‹ simuliert wird. Die SuS setzen dabei das bisher Erlernte ein, um im Spiel unterschiedliche Positionen zur sozialen Problematik von Migration nach Lima zu formulieren, miteinander zu diskutieren und zu formulieren. Varianten: **A)** Alle SuS erhalten eine der fünf Rollen, bereiten diese vor und bilden Gruppen à 5 Personen, in denen das Rollenspiel simultan in mehreren Gruppen durchgeführt wird. **B)** Die LP übernimmt die Moderationsrolle und die Talkshow wird im Plenum simuliert. Dabei werden die Rollen der TN der Talkrunde im Verlauf solange ausgetauscht, bis alle einmal an der Talkrunde teilgenommen hat.	Gruppenarbeit Rollenspiel	*M 2.11:* Hintergrundtext Rollenspiel *M 2.12.–2.16:* Rollenkarten	I–II (exponer) III (convencer)
Alle Vertreter einer Rolle bilden eine Gruppe. Auf der Grundlage des Arbeitsblattes (M 2.12.) fertigen sie ein Plakat für eine Volksabstimmung über das Verbot des Straßenverkaufs im historischen Zentrum Limas an und präsentieren das Plakat anschließend im Plenum. Auf diese Weise setzen sie sich mit Migration als einem politischen Thema auseinander, in dem verschiedene Interessen involviert sind und sich gegenüberstehen.	Gruppenarbeit und gelenktes Unterrichtsgespräch	Flipchart + Stifte für fünf Gruppen	I (presentar) III (buscar soluciones)

| Die Lernenden diskutieren abschließend die Leitfrage der Unterrichtseinheit: ¿Pensáis que la migración ha sido y es positiva o negativa? – y ¿para quién?
Diese kann sowohl auf Lima als auch auf die eigene Lebenswelt bezogen werden. | Plenum: gelenktes Unterrichtsgespräch | III (juzgar) |

2.4. Cuento ›Paco Yunque‹ (optional)

Ziele: Die Kurzgeschichte ›Paco Yunque‹ des peruanischen Autors Cesár Vallejo vermittelt einen literarischen Blick aus der Perspektive eines Kindes auf die Lebenssituation jugendlicher Binnenmigrant_innen und historisiert diese Erfahrungen gleichzeitig.

Fachspezifische Kompetenzen: Literarischen Text verstehen und deuten, Textverständnis durch kreative Textproduktion zum Ausdruck bringen; Texte auf Darstellungsform und Wirkung interpretieren, soziokulturelles Orientierungswissen zu Alltagswirklichkeiten junger Menschen.

Kompetenzbereiche des Globalen Lernens: Perspektivenwechsel, Empathie.

Wesentliche Aspekte des Interaktionsgeschehens	Sozialform	Medien/Material	Anforderungsbereiche (Operatoren)
Die LP stellt die Basisinformationen zur Kurzgeschichte ›Paco Yunque‹ vor und teilt die Arbeitsblätter für die Stunde aus. Als thematischen Einstieg nennen die SuS ihre Assoziationen zur Abbildung des Ambosses.	Plenum: Lehrervortrag bzw. Unterrichtsgepsräch	**M 2.17:** Abbildung ›El Yunque‹	
Die SuS lesen den ersten Ausschnitt aus ›Paco Yunque‹ und bearbeiten die Aufgaben. Sie ordnen die Kurzgeschichte als literarischen Text ein und reflektieren den Titel als rhetorisches Stilmittel. Die Arbeitsergebnisse werden im Plenum besprochen.	Wahlweise Einzel-, Partner- oder Gruppenarbeit Besprechung im Plenum	**M 2.18:** Erster Textauszug ›Paco Yunque‹	II (caracterizar) III (comentar)
Die SuS lesen den zweiten Abschnitt aus ›Paco Yunque‹ und bearbeiten die (teils optionalen) Aufgaben. Dabei versetzen sie sich in die Position des Autors und erzählen die Kurzgeschichte vor dem Hintergrund des bisher Erlernten nach. Die Arbeitsergebnisse werden im Plenum besprochen.	Wahlweise Einzel-, Partner- oder Gruppenarbeit Besprechung im Plenum	**M 2.19:** Zweiter Textauszug ›Paco Yunque‹ und optionale Zusatzaufgaben	III (escribir)

2.1.

Introducción:
›Los Nordacas llegaron ya‹

 Die benötigten Medien befinden sich im Zusatzmaterial.

▶ **M 2.1: Caricatura de la revista peruana ›Caretas‹ del 07.06.2012**

- ¿Qué observáis en la imagen?
- ¿Qué pensáis que representa?
- ¿Por qué pensáis que ocurre eso?
- ¿A qué se refiere el término ›Nordaca‹ y qué implica?

El término ›Nordaca‹ es una alusión irónica al término coloquial ›Sudaca‹ que se emplea desde hace algún tiempo en España para referirse despectivamente a los inmigrantes sudamericanos en el país.

1 elocuente = significativo

2 incursión = invasión

3 neologismo = palabra nueva

4 ventanilla de migraciones = hier: Schalterfenster der Einwanderungsbehörde

▶ **M 2.2: Los nordacas llegaron ya**

Las cifras son elocuentes[1]: de 20,454 españoles registrados en el Perú, casi el 20 por ciento (3,889) son inmigrantes de recientísima data, habiéndose registrado recién el año pasado en el país, según cifras del Consulado General de España. Lejos de los tiempos de la Conquista, esta nueva incursión[2] de la península llega, sin embargo, sin pólvora y con ganas de trabajo. Buena parte de la nueva ola de españoles llega huyendo de la galopante crisis [económica] ... 5

Tratando de entender este fenómeno que ha dado lugar al novísimo neologismo[3] de ›nordaca‹ (recordar el apelativo de ›sudaca‹ para los sudamericanos que acudieron a España en busca de trabajo, muchos de los cuales ya están haciendo el camino de vuelta), CARETAS conversó con algunos destacados miembros de la colonia española en Lima, y con algún otro recién salidito de la ventanilla de migraciones.[4] 10

ESTANCIA SABROSA

Aunque afincado él mismo desde hace treinta años en Perú, Juan Llopis, dueño del restaurante La Eñe, cuenta que dos de sus hijos acaban de llegar de España en busca de trabajo. »El mayor se quedó sin trabajo en 15

la inmobiliaria donde trabajaba, vino a Lima y ahora tiene un negocio
20 de ventanería metálica.

En España tenemos cinco millones de parados y las expectativas
son cada vez más negras«, explica Llopis. »Es normal que aquí estén
extrañados[5] de que vengan tantos españoles, pero esta vez no nos
llevamos nada, esta vez venimos a trabajar«, precisa, »Perú es un
25 faro[6] en el mundo, todos ven la economía peruana como un milagro«.
Junto a él trabaja desde hace diez días el jovencísimo cocinero cata-
lán Rubén Carré. ¿Por qué cruzar el Atlántico? »Porque en España el
trabajo está muy difícil y aquí me han dado una oportunidad y la he
querido aprovechar«, cuenta mientras remueve triunfante un estofado[7]
30 de rabo de toro.

Por su lado, el publicista Paco Baró, que tampoco le teme al con-
cepto de »nordaca«, hace nueve meses llegó a Lima con la misión de
hacerse cargo de la oficina local de la agencia Volver d6. Cinco años
antes, había estado haciendo turismo por el Perú y, paseando por
35 Larcomar, decidió que éste era el lugar donde quería vivir. »A a veces
los sueños se cumplen«, concluye.

Sobre el reciente fenómeno de la inmigración española a América
Latina, dice »Es la vuelta al calcetín entero. Por la mañana veo el
noticiero peruano y vemos aumentos de créditos, empresas que vie-
40 nen, y por las noches leo las noticias de España y todo es paro y menos
liquidez; las oportunidades están ahora en América Latina«. [...]

Fuente: CARETAS, 07.06.2012

5 extrañarse =
asombrarse

6 faro =
dt. Leuchtturm

7 estofado = guiso,
dt. Schmorbraten

....

Actividades:
**Trabajad en parejas y realizad las siguientes actividades por escrito para
la posterior discusión en clase:**
1. Leed el texto y marcad las palabras y expresiones que os dificultan la
   comprensión.
2. Relacionad la caricatura con el título y el contenido del artículo.
3. Mencionad las razones por las que la gente salió de España.
4. Exponed los factores que motivan a la gente a ir a vivir a Perú.
5. Comentad la frase: »Es la vuelta al calcetín entero« (líneas 33–34).
6. Resumid el contenido del texto en máximo 50 palabras.

....

▶ **M 2.3: Mögliches Tafelbild**

....

▶ **M 2.4: Lima en Fotos**
- ¿Cómo os imagináis Lima?
- ¿Cuántos habitantes tiene?
- ¿Es rica o pobre?
- ¿Es nueva o antigua?
- ¿Cómo vive la gente?

Die benötigten
Medien befinden
sich im Zusatz-
material.

Die benötigten
Medien befinden
sich im Zusatz-
material.

....

▶ **M 2.5: Historia demográfica de Lima**

Actividades:
1. Observa la estadística. ¿En qué décadas ocurre un mayor crecimiento demográfico en números totales?
2. ¿Qué pensáis? ¿ A qué se debe este crecimiento?
3. ¿Pensáis que la migración ha sido y es positiva o negativa? – y ¿para quién?

Año	Habitantes
1614	26.400
1791	56.600
1839	55.100
1850	80.000
1890	103.900
1896	113.000
1908	140.900
1927	200.000
1931	373.900
1945	657.800
1953	964.000
1961	1.262.100
1969	2.541.300
1972	2.821.607
1981	3.969.917
1993	5.358.077
2005	6.445.974
2014	ca. 8.000.000

MAPA DE LIMA
(rojo oscuro: barrios centrales; rojo claro: barrios rurales; mapa gris: mapa de Perú)
Fuente Wikipedia

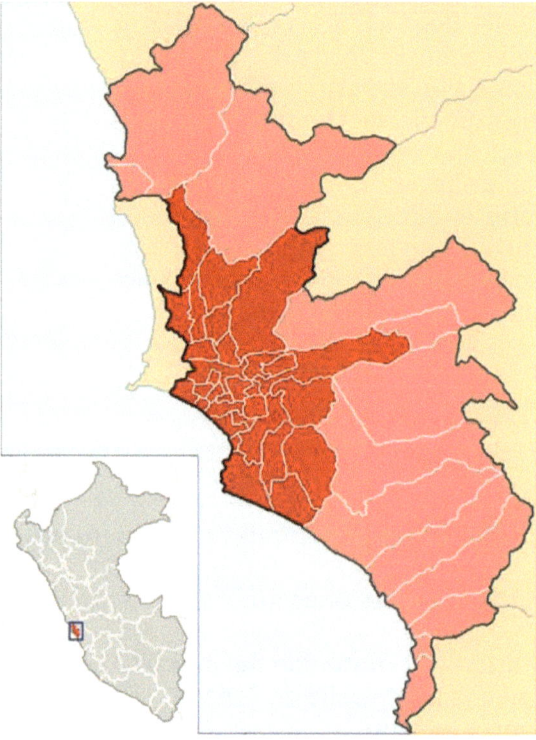

2.2

Contexto histórico y documental
›Peces de Ciudad‹

▶ **M 2.6. y 2.7: Migración internacional e interna**

Actividades:
A) Lee los siguientes textos sobre la historia de la migración internacional e interna en el Perú y responde a las preguntas.
B) Saca la información clave de los textos y preséntaselas luego a tu compañera/o.

2.6.
Historia de movimientos migratorios internacionales en el Perú

1 Lo que hoy en día es la República del Perú antes formaba parte de la colonia española en América Latina. Los españoles conquistaron Cuzco, la capital del imperio incaico en 1532 y, en 1535 se fundó Lima, la nueva capital colonial del virreinato del Perú, iniciándose así la época de la
5 colonia en esta región de Sudamérica.

Sobre la migración durante esa época no existen estadísticas exactas. Sin embargo, hubo una inmigración europea, principalmente de España, así como también una inmigración forzada[1] de esclavos africanos. Se inició un proceso de mezcla de la población indígena y los
10 immigrantes llamado mestizaje. Dentro de este proceso se desarrolló una jerarquía[2] étnica que puso a los españoles en un estrato[3] superior.

En 1821 el Perú se independizó de España y se convirtió en una república nacional. Desde el punto de vista de las migraciones internacionales, el Perú republicano se divide en dos etapas bastante
15 marcadas. La primera, que va de 1821 hasta aproximadamente 1970, en la que predomina la inmigración. La segunda, desde 1970 hasta hoy, en la que prima[4] la emigración. Hasta aproximadamente 1970 eran más los extranjeros que ingresaban al país que los peruanos que salían; desde ese año el Perú se convirtió en un país expulsor[5]
20 de emigrantes al mismo tiempo que cayó poderosamente el número de inmigrantes.

¿Cuántos inmigrantes han ingresado al Perú?

No existen estadísticas precisas que nos permitan decir con exac-
25 titud el número de inmigrantes que ingresaron al país entre 1821 y 1970. Sin embargo, es posible hacer un estimado[6]: considerando a los provenientes del continente asiático, tenemos que en el siglo XIX ingresaron aproximadamente 100,000 chinos (la mayoría de los cuales eran coolíes, es decir mano de obra semi-libre). En el siglo XX
30 ingresaron otros 100,000 (entre chinos y japoneses) y hasta 1970 han ingresado al país unos 200,000 asiáticos. En cuanto a los europeos (el segundo componente inmigratorio más importante), podemos afirmar que entre el siglo XIX y el XX ha ingresado[7] una cifra que podríamos estimar en no más de 150,000 personas. La cifra de los
35 inmigrantes provenientes de otros países del continente americano puede ser estimada en no más de 100,000. Tenemos entonces que en el período republicano, hasta hoy, han ingresado al país alrededor de 450 mil inmigrantes. [...]

Es una cifra considerable, aún si consideramos que el flujo inmi-
40 gratorio que llegó al país no ha sido masivo, pero sí constante (a pesar de los altibajos) y sobre todo precoz[8]; es decir, comenzó a mediados del siglo XIX, hace más de 150 años. Por eso, la mayoría de los peruanos descendientes de inmigrantes lo son desde hace más de 4 generaciones. En otras palabras, no llegaron muchos inmigrantes, pero llegaron
45 desde el inicio. [...]

La etapa de predominio de la emigración

El rápido crecimiento demográfico del país desde la década de 1960 generó un »excedente[9] demográfico« que difícilmente hubiera podido
50 ser absorbido por la economía nacional. Desde la década de 1970 un porcentaje importante de la población peruana emigró a otros países y hoy se estima que tres millones de peruanos viven fuera – la mayoría de ellos en otros países latinoamericanos, los Estados Unidos y Europa. En poco más de 30 años ha salido del Perú más población de
55 la que ingresó en 185 años de vida republicana.

1 forzar = obligar

2 jerarquía = clasificación, graduación

3 estrato = capa, categoría

4 primar = prevalecer

5 expulsar = echar

6 estimado = cálculo

7 ingresar = entrar

8 precoz = prematuro, temprano

9 excedente = sobrante, resto

Fuente Partes del texto son de ›Las migraciones internacionales como motor de desarrollo en el Perú – Parte 1‹, de Giovanni Bonfiglio, 01.07.2008.

2.7.
Historia de movimientos migratorios internos en el Perú

Lo que hoy en día es la República del Perú antes era parte de la colonia española en América Latina. Los españoles conquistaron Cuzco, la capital del imperio incaico en 1532 y, en 1535 se fundó Lima, la nueva capital colonial del virreinato del Perú, iniciándose[1] así la época de la colonia en esta región de Sudamérica.

Sobre la migración interna durante esa época no existen estadísticas exactas. Sin embargo, en la nueva economía colonial hubo un gran auge[2] de la minería. En este contexto se instauró[3] el sistema de la mita, que consistía en que las comunidades indígenas fueron obligadas por la administración colonial a enviar hombres para trabajar en las minas bajo condiciones inhumanas. Así durante la época de la colonia se originaron[4] grandes movimientos migratorios internos hacia los lugares de minería.

En 1821 el Perú se independizó de España y se convirtió en una república. El territorio nacional se divide en tres grandes regiones: costa, sierra y selva. En la costa, donde está ubicada Lima, se concentraba en particular la población de ascendencia[5] africana, asiática y española debido que allí existían los grandes centros comerciales y la agricultura[6] orientada a la exportación de productos como algodón y caña de azúcar donde trabajó un gran número de gente con descendencia[7] africana y asiática. En la sierra se concentraba la población indígena y mestiza (descendientes de indígenas y españoles) que trabajaba en las haciendas latifundistas y en los centros de minería.

La selva – la región amazónica al este de los Andes – hasta la primera mitad del XX era un territorio lejano y poco integrado en la economía nacional donde vivían pueblos indígenas amazónicos y pocos inmigrantes de la costa y la sierra.

En el transcurso[8] del XX el Perú vivió un gran crecimiento de la población especialmente en la región de la sierra. En ese entonces la economía de la sierra, basado en el sistema de hacienda ... – grandes latifundios que practicaron la agricultura orientada a la subsistencia y el mercado interno – entró en crisis. El motor de la economía nacional era la costa con sus centros comerciales e industriales y su agricultura exportadora que atrajo cada vez más migrantes de la sierra quienes salieron de sus lugares de origen para escapar de la pobreza y trabajar en la costa.

Este flujo de migrantes de la sierra a la costa se intensificó[9] cuando un grupo guerillero maoísta llamado Sendero Luminoso empezó una guerra civil en el país en 1980. Durante los años 80 y 90 las actividades de los guerrilleros se concentraron en regiones del altiplano[10] andino y fue en primer lugar la población indígena rural que sufrió la violencia por parte de los guerrilleros así como de los soldados del ejército nacional. Así se creó una ola de refugiados que para escapar de la guerra migró hacia la costa y especialmente a Lima.

Muchos de los refugiados se establecieron en las afueras[11] de la capital en los llamados pueblos jóvenes – asentamientos[12] informales con precarias condiciones de vivienda. Así Lima pasó de ser una ciudad de menos de un millón de habitantes en 1950, a una de más de siete millones en 2010. Hoy en día en la región metropolitana de Lima vive más de un tercio de la población total del Perú, que actualmente ronda los 30 millones. Así el carácter de Lima cambió significativamente en las décadas pasadas por la migración. Para los peruanos – los que migraron como los que no lo hicieron – la migración ha sido una experiencia fundamental en las décadas pasadas que ha cambiado la realidad del país.

---

1 iniciar = empezar

2 auge = incremento

3 instaurar = fundar

4 originarse = producirse

5 ascendencia = origen

6 agricultura = dt. Landwirtschaft

7 descendencia = procedencia

8 transcurso = lapso, tiempo

9 intensificar = incrementar, fortalecer

10 altiplano = meseta, dt. Hochland

11 en las afueras = dt. außerhalb

12 asentamiento = barrio, dt. Siedlung

Autores
Catalina Calero y
Martin Breuer

. . . .

Preguntas sobre el texto 2.6.

1. ¿Qué etapas se pueden diferenciar en los movimientos migratorios internacionales en el Perú?
2. ¿De dónde vinieron los imigrantes que ingresaron al Perú?
3. ¿A dónde migraron los peruanos que salieron del país en las décadas pasadas?
4. ¿Cuántos peruanos salieron del país en las últimas décadas?

. . . .

Preguntas sobre el texto 2.7.

1. ¿En qué grandes regiones se divide la República del Perú?
2. ¿Cuál fue el movimiento migratorio interno que empezó cuando los españoles iniciaron la colonia en lo que hoy es el Perú?
3. ¿Qué pasó en el transcurso del siglo XX con respecto a los movimientos migratorios internos?
4. ¿Qué conflicto político afectó la migración interna en los años 80 y 90 y qué significó para los migrantes?
5. ¿Cuál es la relación entre la migración interna y el crecimiento de Lima?

. . . .

En resumen: Migración interna e internacional

Actividades:
Trabajad en parejas. Presentaros las informaciones clave del texto que habéis leído sobre migración interna e internacional y responded juntos a las siguientes preguntas:

1. ¿Qué movimientos migratorios (tanto internos como internacionales) se dieron durante la colonización del Perú?
2. ¿Cuáles son los principales movimientos migratorios internos e internacionales que se produjeron en Perú después de la colonia?
3. ¿Qué tienen en común y en qué se diferencian la migración internacional y la migración interna?
4. ¿Cuáles son las causas de los diferentes tipos de migración?
5. Qué opináis, ¿fueron los movimientos migratorios internos e internacionales soluciones para los problemas sociales de aquel entonces o más bien fuentes de nuevos problemas? ¿Y para quién?

. . . .

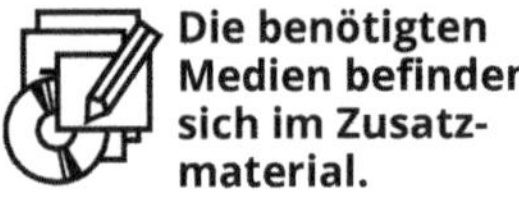

Die benötigten Medien befinden sich im Zusatzmaterial.

▶ **M 2.8: ›Peces de ciudad‹**

Ficha técnica

Director:	Felipe Degregori
Producción:	Ceprodep (2006) Lima – Perú
Duración:	65 minutos (fragmento: 17 minutes entre 04.20–21.10)
Contenido:	La película trata de la situación de jóvenes migrantes. Los protagonistas hablan de sus experiencias, esperanzas y problemas conectados con sus vidas en las barriadas periféricas de Lima.

Actividades

Antes del visionado:
**Vas a ver una parte de un documental titulado ›Peces de ciudad‹
(4:20–21:20). Formula hipótesis:**
- ¿De qué crees que va a tratar el documental?
- ¿Por qué piensas que lleva este nombre?
- ¿Desde qué punto de vista crees que se va a tratar el asunto?
- ¿Qué personajes crees que van a aparecer?
- ¿Qué imágenes esperas encontrar?

Durante el visionado:
**Mira el documental, toma notas y elige y responde una de las
siguientes preguntas:**
1. ¿Qué expectativas tenían las personas cuando migraron a Lima?
2. ¿Cuáles son las razones por las que migraron y viven en Lima?
3. ¿A qué dificultades se enfrentaron en Lima?

Después del visionado:
Formad grupos de tres personas que han elegido diferentes tareas de
observación durante el visionado del documental. Cada uno resume
brevemente las informaciones principales respecto a su pregunta. Luego
completad en el grupo la siguiente tabla:

▶ **M 2.9: Tabla ›Peces de ciudad‹**

Expectativas de los migrantes	Razones para la migración	Dificultades en Lima

▶ **M 2.10: Entrevista a una emprendedora de éxito de Miraflores**

Andina: Agencia Peruana de Noticias: andina.com.pe

Grimanesa Vargas, una anticuchera[1] de corazón

¿Quién es la Sra. Grimanesa y cómo se inició?

Soy ayacuchana[2], muy pequeña me fui a trabajar con una familia en
Ica[3], luego con ellos me vine aquí a Miraflores[4]. Debido a que no me
pagaban me escapé de la casa de los Srs. a los 22 años, dejándoles una
nota donde les decía los motivos por los que me iba y agradeciéndoles
ya que ellos fueron buenos conmigo.

Seguí trabajando en casas durante varios años, hasta que conocí al
papá de mis hijos, con el cual tuve 5 niños. Ya con hijos comencé a ir
a ayudar en casas sólo medio tiempo, aparte le daba almuerzo[5] a los
obreros que trabajaban en una construcción cercana. Luego comencé
a vender chanfainita[6] desde 1972, donde no me fue muy bien.

¿Cómo y de dónde nació tu negocio?

Gracias a un amigo quien me incentivó a juntar dinero para comprar
mis materiales para vender choncholí[7] en 1977. Comencé con una parrillita[8] de segunda mano que compré en Tacora[9]. Poco a poco comencé a
ganar público y a juntar más plata[10] para así comenzar a vender corazón.

**Tenemos entendido que tus anticuchos son uno de los mejores de
Lima ¿Es cierto y por qué?**

Así dicen (risas), tienen que ser productos frescos, bonitos, tienen que
ser productos de muy buena calidad. Si mis anticuchos tienen éxito es
por la calidad y la sazón[11].

¿Han pensado en algún momento en abrir más locales?

Por el momento no, con la apertura de este nuevo local he tenido
muchos gastos.

¿No descarta esa posibilidad?

No, no descarto la posibilidad de abrir otro local en otro distrito.

1 Anticuchos es un plato típico peruano que consiste en una brocheta con trozos de corazón de res hechos en la barbacoa.

2 Ayacucho = departamento en la sierra del Perú

3 Ica = departamento en la costa al sur de Lima

4 Miraflores = barrio de clase media alta en Lima

5 almuerzo = comida del mediodía

6 Chanfainita = comida típica del Perú hecha en la barbacoa

7 Choncholí = comida típica del Perú hecha en la barbacoa

8 Parrillita = pequeña barbacoa

9 Tacora = mercado en Lima donde se compran cosas robadas

10 plata = término peruano para denominar dinero

11 sazón = manera personal de preparar la comida

¿Cuántos empleados trabajan ahora con Ud.?

Al principio estaba yo sola, ahora tengo 4 chicos en la mañana que me
ayudan a limpiar los corazones, a mis 3 hijos en la noche y 3 chicas
más. Es decir son 11 personas.

¿En que está basado su éxito?

Siempre me gustó trabajar, mi trabajo es lo que más cuidaba y querer
sacar adelante a mis hijos, ya que yo no quería que ellos trabajaran ni
pidieran limosna[12]. Cuando me dicen que con todo lo que he trabajado
ya debería tener edificios yo respondo que sí, que tengo cinco edificios
que son mis hijos.

¿Cuáles fueron las dificultades que logró superar?

La dificultad más grande que tuve fue la de la ubicación. Primero
estar en un lugar y que luego me reubiquen[13]. Al mismo tiempo, la
asociación de vecinos de la zona se quejaba y pedía que me vaya del
lugar porque el humo entraba a sus casas y les molestaba la cantidad
de carros cuadrados[14] impidiendo el ingreso a sus cocheras[15].

**¿Qué mensaje le daría a todas las personas como Ud. que quieren
salir adelante?**

El mensaje que le daría a todos mis compañeros que se dedican a esto
y quieren salir adelante es que nunca bajen la calidad de sus productos.
Que si los insumos[16] suben no los cambien, que es preferible subir un
poquito el precio a cambiar la calidad a la que el cliente ya está acostumbrado y que tampoco olviden la atención al cliente. Eso es algo muy
importante, es algo que siempre les recuerdo a las chicas que trabajan
conmigo, que siempre atiendan con una sonrisa y traten bien al cliente.

[12] pedir limosna =
pedir dinero en la
calle

[13] reubicar = recolocar

[14] cuadrar =
aparcar (Esp.)

[15] cochera =
garaje (Esp.)

[16] insumos: productos

Fuente
*www.blogs.miraflores.
gob.pe/emprende/*
(Zugriff: 31.03.2016)

....

Actividades

1. **Lee el texto y marca si las frases son verdaderas o falsas:**

	V	F
a) La Sra. Grimanesa es de Lima.		
b) Su primer trabajo fue en un restaurante en Miraflores.		
c) Ella trabaja junto con otras 10 personas en su restaurante.		
d) Lo más difícil para ella fue encontrar un local adecuado.		

2. a) Describe a la Sra. Grimanesa, su vida y carrera profesional hasta ahora.
    b) Menciona los problemas que tiene con los vecinos del restaurante.
    c) Expón cuál es la clave de su éxito como dueña de un restaurante.

3. Escribe un texto de unas 200 palabras y compara la situación de la Sra.
    Grimanesa con la de los jóvenes migrantes de ›Peces de Ciudad‹. Da tu
    opinión si la gastronomía y la microempresa son una buena oportuni-
    dad de éxito para migrantes en Lima y en Alemania. Menciona las ven-
    tajas y desventajas de este tipo de actividad.

....

2.3.

Juego de Roles ›La invasión ambulante‹ y campañas políticas

Juego de Roles: Talkshow ›La invasión ambulante‹[1]

Jennifer Rentería (2011)

Vendedores ambulantes en las calles de Lima

1 Vendedores ambulantes son personas que venden sus productos en la calle.

▶ **M 2.11: Informaciones generales**

En el centro histórico de Lima los vendedores ambulantes están muy presentes. En las plazas y calles del centro venden todo tipo de productos, comida, ropa, artefactos eléctricos etc. Muchos de ellos son inmigrantes de la sierra y llegaron a Lima durante las décadas pasadas.

En el pasado, diferentes alcaldías intentaron prohibir o por lo menos formalizar este tipo de negocios. En este contexto hubo un debate controversial sobre el carácter del centro histórico de Lima y el rol de los vendedores ambulantes.

En el siguiente juego de roles asumid el rol de uno de los cinco personajes ficticios invitados a un ›talkshow‹ en el canal X de la televisión peruana y discutid sobre la pregunta: »¿Se debería prohibir la venta ambulante en el centro histórico de Lima?«

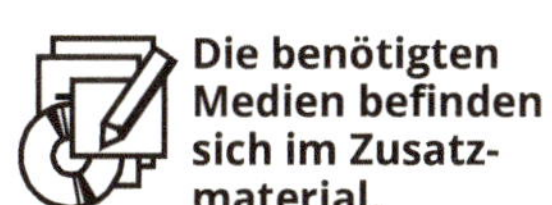

Die benötigten Medien befinden sich im Zusatzmaterial.

Personajes:
A) Alfredo/Alicia Gómez, historiador/a peruano/a, investiga sobre la inmigración interna de Lima. (M 2.12.)
B) Mario/María López, trabaja como lustrabotas en el centro de Lima. (M 2.13.)
C) Francisco/Francisca Aguilar, asesor/a de la alcaldesa de Lima, quiere proponer una nueva ley para restringir la venta ambulante en el centro histórico. (M 2.14.)
D) Gabriel/Gabriela Zapatero, asistente social, trabaja en una ONG para la inclusión de los inmigrantes en Lima. (M 2.15.)
E) Julio/Julia Paz, moderador/a del ›talkshow‹ en el canal X. (M 2.16.)

2.4.

Cuento ›Paco Yunque‹

›Paco Yunque‹ – Informaciones generales
›Paco Yunque‹ es un cuento escrito por César Vallejo, escritor peruano, en 1931 y publicado en 1951. Su protagonista Paco Yunque se ha convertido en una figura emblemática de la literatura peruana.

Datos sobre el autor:
César Abraham Vallejo Mendoza es considerado uno de los más grandes escritores peruanos del siglo XX. Nació el 16 de marzo de 1892 en Santiago de Chuco (departamento La Libertad) como último de los 11 hijos de Francisco de Paula Vallejo Benitez y María de los Santos Mendoza Gurrionero. Los Vallejo Mendoza eran mestizos por su ascendencia indígena materna y los orígenes de Galicia de los abuelos de César.

En 1915 se graduó en Letras en la Universidad Nacional de Trujillo. Junto a otros literatos, artistas y políticos forma parte del grupo intelectual ›bohemia trujillana‹. Pasó luego varios años en Lima donde desempeñó diferentes ocupaciones en el ramo educativo, se vinculó con escritores e intelectuales de la capital y publicó sus primeras obras poéticas y literarias. En 1923 viajó a Francia, donde trabajó como periodista. Luego en España se inscribió en el Partido Comunista y apoyó la causa republicana durante la Guerra Civil Española. Murió en París el 15 de abril de 1938.

La obra de Vallejo destaca por la gran variedad de géneros literarios: poesía, narrativa, teatro, ensayo, crónicas y artículos periodísticos.

▶ **M 2.17: El yunque**

Actividad antes de la lectura
Mira la imagen. Se trata de un yunque, herramienta de hierro que sirve para trabajar en ella a martillo los metales.

El protagonista se llama Paco Yunque, ¿qué significado o implicancia podría tener este nombre? ¿De qué crees va a tratar el cuento?

Durante la lectura
Lee la primera parte del cuento y concéntrate en el comportamiento y los sentimientos de Paco Yunque.

Después de la lectura:
1. Caracteriza a Paco Yunque.
2. Comenta el comportamiento de Paco en el patio de la escuela.
3. Escribe una conversación entre Paco y su madre al salir de la escuela, en la que Paco le cuenta a su madre cuáles fueron sus primeras impresiones de la escuela.

Paco Yunque: Primer extracto

1 Cuando Paco Yunque y su madre llegaron a la puerta del colegio, los niños estaban jugando en el patio. La madre le dejó y se fue. Paco, paso a paso, fue adelantándose al centro del patio, con su libro primero, su cuaderno y su lápiz. Paco estaba con miedo, porque era la primera vez
5 que veía un colegio; nunca había visto a tantos niños juntos.

Varios alumnos, pequeños como él, se le acercaron y Paco, cada vez más tímido, se pegó a la pared, y se puso colorado. ¡Qué listos eran todos esos chicos! ¡Qué desenvueltos! Como si estuviesen en su casa.
10 Gritaban. Corrían. Reían hasta reventar. Saltaban. Se daban de puñetazos. Eso era un enredo.

Paco estaba también atolondrado[1] porque en el campo no oyó nunca sonar tantas voces de personas a la vez. En el campo hablaba primero
15 uno, después otro, después otro y después otro. A veces, oyó hablar hasta cuatro o cinco personas juntas. Era su padre, su madre, don José, el cojo Anselmo y la Tomasa. Eso no era ya voz de personas sino otro ruido. Muy diferente. Y ahora sí que esto del colegio era una bulla fuerte, de muchos. Paco estaba asordado.
20

Un niño rubio y gordo, vestido de blanco, le estaba hablando. Otro niño más chico, medio ronco y con blusa azul, también le hablaba. De diversos grupos se separaban los alumnos y venían a ver a Paco, haciéndole muchas preguntas. Pero Paco no podía oír nada por la gritería de los
25 demás. Un niño trigueño, cara redonda y con una chaqueta verde muy ceñida en la cintura agarró a Paco por un brazo y quiso arrastrarlo. Pero Paco no se dejó. El trigueño volvió a agarrarlo con más fuerza y lo jaló. Paco se pegó más a la pared y se puso más colorado.

30 En ese momento sonó la campana, y todos entraron a los salones de clase [...]

1 atolondrado = que procede sin reflexión

▶ **M2.19: ›Paco Yunque‹ – segundo extracto y hojas de trabajo**

▶ **Der vollständige Text ›Paco Yunque‹ findet sich online unter:**
https://es.wikisource.org/Paco_Yunque

Die benötigten Medien befinden sich im Zusatzmaterial.

MARÍA GUADELUPE RIVERA GARAY, GILBERTO RESCHER,
FRAUKE HAHN (VERANTWORTLICH)

MIGRACIÓN LABORAL ENTRE MÉXICO Y LOS ESTADOS UNIDOS

Das Bildungsmaterial ›Arbeitsmigration am Beispiel Mexiko-USA‹ wurde im Rahmen des Projektes ›Modellschulen für Globales Lernen‹ (*www.modellschulen-globales-lernen.de*) für das Fach Spanisch in Klasse 11/12 des Max-Planck-Gymnasiums Bielefeld entwickelt.

Als konkretes Beispiel wird der Komplex der Migration zwischen Mexiko und den USA genutzt. Zum Ende der Einheit soll auch ein Rückbezug auf die europäische und deutsche Situation erfolgen, wodurch die vorherige Diskussion eingeordnet und das global-lokale Bild vervollständigt wird.

Überblick über die einzelnen Unterrichtseinheiten

3.1. Introduccción – ›La línea invisible‹:
Zunächst soll der Erfahrungs- und Kenntnisstand der Schüler_innen zum Unterrichtsthema abgefragt werden, um auf die Bedeutung und Alltäglichkeit von (transnationaler) Migration hinzuweisen. Das gemeinsame Sehen des Dokumentarfilms ›La línea invisible‹ führt in die Thematik und die Komplexität der mexikanisch-US-amerikanischen Grenzregion ein.

3.2. Dimensiones del proceso migratorio entre México y los EE.UU.
Die SuS recherchieren in sechs verschiedenen Arbeitsgruppen zu unterschiedlichen Aspekten des Migrationsthemas und präsentieren und diskutieren die Ergebnisse ihrer Recherchen.

3.3. Visualisación de la cotidianidad de los migrantes en los EE.UU.
In dieser Sitzung soll die Perspektive auf die Alltäglichkeit von Migration und der Alltag von Migrant_innen verstärkt werden. In einer abschließenden Reflexionssitzung diskutieren die SuS die Erfahrungen der Migrant_innen im mexikanisch-US-amerikanischen Kontext und setzen sie mit den Bedingungen in Europa und Deutschland in Bezug.

Übersichtstabellen zur Unterrichtsplanung

3.1. ›La línea invisible‹: Introducción al tema de la migración y la zona fronteriza entre México y los Estados Unidos

Ziele: Die SuS sollen am Ende dieser Eingangs-Doppelstunde eine Einführung in das Thema erhalten und Verbindungen zur eigenen Lebenswelt hergestellt haben. Der Dokumentarfilm ›La línea invisble‹ soll Interesse und Neugierde dafür wecken, sich mit der Migrationsproblematik in der Grenzregion Mexiko-USA auseinanderzusetzen.

Fachspezifische Kompetenzen: Sprechen (Standpunkt/Meinungen darlegen), Hör(seh)verständnis.

Kompetenzbereiche des Globalen Lernens: Erkennen von Vielfalt, Perspektivenwechsel und Empathie.

Wesentliche Aspekte des Interaktionsgeschehens	Sozialform	Medien/Material	Anforderungsbereiche (Operatoren)
Einstieg: Variante 1: Allgemeine Einführung in das Thema Migration, soweit im Unterricht noch nicht behandelt: Mögliche Fragen zum Klären des bisherigen Erfahrungs- und Kenntnisstandes: • ¿Qué entendéis por migración? • ¿Qué imágenes os vienen a la mente cuando peinsáis en este tema? • ¿Quiénes son los migrantes? ¿Por qué migran? • ¿En qué lugares del mundo se dan más flujos migratorios? • ¿Cómo os imagináis la migración y cómo es la vida diaria de los migrantes? • ¿Conocéis a migrantes? ¿Sabéis cómo viven? • ¿Habéis tenido experiencias migratorias? Habéis vivido siempre aquí en esta ciudad/este pueblo? Si no; ¿os sentís como migrantes?	Plenum, gelenktes Unterrichtsgespräch		
Einstieg Variante 2: Bildimpuls (Grenze zwischen San Diego und Tijuana) Wenn das Thema Migration bekannt ist, kann mittels des Fotos der Blick direkt auf die Grenzregion zwischen den USA und Mexiko gelenkt werden. Die LP kann nach Eindrücken zu dem Bild fragen und wie sich die SuS das Leben auf beiden Seiten der Grenze vorstellen.	Plenum, gelenktes Unterrichtsgespräch	***M 3.1:*** Bildimpuls Grenze Mexiko-USA für OHP oder PowerPoint Evtl. Beamer + PC	I (describir) III (imaginarse)
›La línea invisible‹ Der Film spricht verschiedene Dimensionen von Migrationsprozessen zwischen Mexiko und den USA an. Nach dem gemeinsamen Schauen ist eine kurze Diskussion und Klärung von Verständnisfragen vorgesehen. Die dabei aufkommende Stimmung und Neugier soll für die Recherche in den Arbeitsgruppen in der nächsten Unterrichtsstunde genutzt werden.	Plenum	***M 3.2:*** Film ›La línea invisible‹ Beamer + PC	I (resumir) III (opinar)

3.2. Dimensiones del proceso migratorio entre México y los Estados Unidos

Ziele: In dieser Einheit sollen sich die SuS möglichst mittels selbständiger Internetrecherche diverse Dimensionen der Migrationsprozesse zwischen Mexiko und den USA erarbeiten. Die SuS sollen ermutigt werden, Inhalte und nicht vorwiegend statistische Daten zu präsentieren.

Fachspezifische Kompetenzen: Lese- und Textverständnis, Arbeitsergebnisse darstellen und präsentieren, funktionale Mediennutzung, Standpunkte in Gesprächen vertreten.

Kompetenzbereiche des Globalen Lernens: Informationsbeschaffung, -bewertung und -verarbeitung

Wesentliche Aspekte des Interaktionsgeschehens	Sozialform	Medien/Material	Anforderungsbereiche (Operatoren)
Einstieg: Erläuterung der Aufgabenstellung, Gruppenbildung, Bereitstellung der Materialien, falls kein eigenständiges Recherchieren möglich ist. Die SuS können selber entscheiden, ob sie für die Lösung der Aufgabe spanisch-, englisch- oder deutschsprachige Ausgangsmaterialien benutzen.	Plenum		
Erarbeitung: SuS recherchieren in 6 AGs zu den Themen: **A:** Tipos de migración (Nueva York) **B:** Patrulla Fronteriza, ilegalización (Arizona) **C:** Relaciones de género (Washington) **D:** Segunda y tercera generación (Florida) **E:** Aspectos culturales (California) **F:** Condiciones laborales (Texas)	Gruppenarbeit	**M 3.3.–3.8:** Handzettel mit Leitfragen und Linktipps Computer oder andere internetfähige Geräte	I (describir) III (imaginarse)
Präsentation: Die SuS stellen in kurzen Vorträgen die Ergebnisse ihrer Recherche in angemessener Weise verbal und schriftlich (Plakat oder PP-Präsentation) vor. In der anschließenden Diskussion können die SuS ihre offenen Fragen zu einzelnen Präsentationen stellen. Zugleich sollen die Fragen der LP sie dazu ermutigen, Verbindungen zwischen den einzelnen Aspekten zu erkennen, um besser zu verstehen, in welch vielfältiger Weise Migration in den Alltag eingebunden ist.	Plenum	Beamer + PC	I (presentar) II (relacionar)
Im Unterrichtsgespräch erfolgt anhand verschiedener Fragen die Sicherung der präsentierten Themen.	Plenum: gelenktes Unterrrichtsgespräch		III (juzgar) III (opinar)

3.3. Visualización de la cotidianidad de los migrantes en los EEUU y reflexión final

Ziele: In dieser Sitzung soll mittels visueller Eindrücke die Perspektive auf die Alltäglichkeit von Migration und die Vielfalt des Alltags von Migrant_innen verstärkt und gleichzeitig stereotype Vorannahmen und Mediendarstellungen hinterfragt werden. Dabei werden aber auch Probleme und leidvolle Erfahrungen mit angesprochen, damit kein geschönt wirkendes Bild entsteht. Die Abschlussdiskussion dient dazu, die verschiedenen Facetten des mexikanisch-US-amerikanischen Migrationskontextes einzuordnen und Zusammenhänge herzustellen zur eigenen Lebenswirklichkeit in einer auch in Deutschland zunehmend durch Einwanderung geprägten Gesellschaft.

Fachspezifische Kompetenzen: eigenen Standpunkt/Meinungen in Gesprächen darlegen; soziokulturelles Orientierungswissen zu gegenwärtigen politischen und gesellschaftlichen Diskussionen, kreative Textproduktion.

Kompetenzbereiche des Globalen Lernens: Kritische Reflexion und Stellungnahme, Solidarität und Empathie, Aufbau von Werthaltungen, Handlungsfähigkeit im globalen Wandel, Partizipation und Mitgestaltung.

Wesentliche Aspekte des Interaktionsgeschehens	Sozialform	Medien/Material	Anforderungsbereiche (Operatoren)
Die LP präsentiert Fotos zum Alltag von mexikanischen Migrant_innen in den USA. Diese vermitteln einen Einblick in die Vielfalt migrantischer Lebensbedingungen in den USA und hinterfragen stereotype Vorannahmen und Mediendarstellungen.	Plenum, Lehrervortrag	*M 3.9:* PP-Präsentation mit Fotos zum Alltag von mexikanischen Migrant_innen in den USA Beamer + PC	
Mittels der neu gewonnenen Informationen wird die Diskussion der letzten Sitzungen mit diesem neuen Fokus auf die vielfältige Alltagswirklichkeit der Migration fortgeführt. Dabei werden neue (Verständnis-) Fragen geklärt.	Plenum, gelenktes Unterrichtsgespräch		III (comentar)
Abschlussdiskussion: Die SuS können die verschiedenen Facetten des mexikanisch-US-amerikanischen Migrationskontextes einordnen und Zusammenhänge zur eigenen Lebenswirklichkeit in einer zunehmend durch Einwanderung geprägten Gesellschaft herstellen. Dies kann abschließend individuell in eine kreative Schreibaufgabe (Leserbrief, Email) übergeleitet werden.	Plenum, gelenktes Unterrichtsgespräch		II (comparar) III (opinar) III (buscar soluciones)

3.1.

La línea invisible

▶ M 3.1: La frontera entre San Diego (Estados Unidos) y Tijuana (México)

Gordon Hyde: www.ngb.army.mil

▶ M 3.2: Film ›La línea invisible‹

Die benötigten Medien befinden sich im Zusatzmaterial.

Ficha técnica
Directora: Lisa Diez Gracia
Producción: G.R.E.C (2011) Lima – Perú
Duración: 43 minutos
Contenido: Bei ›La línea invisible‹ handelt es sich um einen Dokumentarfilm, der sich anhand eines Tourismusprojekts in Zentralmexiko mit der Situation der Migrant_innen in den USA und dem irregulären Grenzübertritt auseinandersetzt. Zudem zeigt er die Kreativität der Migrant_innen und ihren Alltag in zwei Ländern, in einem sogenannten transnationalen sozialen Raum, in dem Wissen, Kenntnisse, Erfahrungen usw. alltäglich transferiert werden. Durch die Verbindung dieser beiden Elemente gelingt es den Mitgliedern der Dorfgemeinschaft von El Alberto, ihr touristisches Projekt ›El Ecoalberto‹ umzusetzen. Filmisch geschieht dies durch Aufnahmen von der Nachtwanderung, bei der die Grenzüberquerung simuliert wird, Interviews mit Migrant_innen und Szenen aus dem Alltag des Dorfes und der Region.

Mögliche Fragen und Anregungen zur Diskussion:
- ¿Cómo se presenta en el filme el tema de la migración?
- ¿Cuáles son los aspectos que se presentan?
- ¿Corresponde con lo que pensáis que es migración?
- ¿Cuáles son los otros aspectos que aparecen en las entrevistas aparte de los netamente económicos?
- ¿Hay algo en la película que os ha sorprendido?
- ¿Cómo es posible que los migrantes hayan construido un proyecto tan exitoso? ¿De dónde vienen sus bases?
- ¿Qué pensáis del proyecto?
- ¿Qué deseos persiguen los migrantes con este proyecto?

3.2.

Dimensiones del proceso migratorio entre México y los Estados Unidos

Die benötigten Medien befinden sich im Zusatz-material.

▶ **M 3.3.–3.8: Leitfragen und Internetseiten für die Recherchethemen**

Mögliche Fragen zur Sicherung der präsentierten Themen:
- ¿Hay algo que os ha sorprendido?
- ¿Concuerdan los resultados con lo que habéis esperado?
- ¿Que ámbitos han sido difíciles de investigar y por qué?
- ¿Qué nos dice todo esto sobre la situación de los migrantes o la perspectiva que tenemos sobre ellos?
- ¿Cuáles son los aspectos que parecen ser contradictorios?
- ¿De que diferentes maneras pueden los migrantes organizar sus vidas diarias en los EE.UU.?
- ¿A qué llevan las diferentes experiencias?
- ¿Os podéis poner en la situación de un migrante?
- ¿Cuáles son las diferentes posiciones que adoptan los migrantes en l os EE.UU.?
- ¿Cuáles son los beneficios que obtienen la economía y sociedad estadounidense pero también los migrantes mismos y sus paises de procedencia?
- ¿Cúal es la relación que los migrantes tienen con su país de origen o lugar de procedencia?

3.3.

Visualización de la vida cotidiana de los migrantes mexicanos en EEUU

▶ **M 3.9: PP-Präsentation mit Bildern zum Alltag mexikanischer
Migrant_innen in den USA**

Die benötigten
Medien befinden
sich im Zusatz-
material.

Mögliche Fragen zu den Bildern:
- ¿Os habéis imaginado como es la vida de los migrantes en los Estados
  Unidos que frecuentemente viven allá sin documentos legales?
  ¿Qué os ha sorprendido?
- ¿Os podéis imaginar llevar una vida así? ¿Con que problemas y desafíos
  se confrontan los migrantes todos los días?
- ¿Cómo se han adaptado los migrantes al hecho de su situación de
  ilegalidad en EEUU?
- ¿Cuáles son las estrategias que llevan a cabo para llevar una vida
  ›normal‹ a pesar de la inseguridad en que viven y así hacer realidad las
  metas que tienen?
- ¿Cómo están los migrantes integrados en la sociedad y la economía
  estadounidense?
- ¿Cuáles son las diferentes formas ›oficiales‹ que existen en el trato
  con los migrantes?
- ¿Cómo es que se explican estas formas de trato?

Hintergrund

In der Präsentation werden Fotos von beispielhaften Ankunftsorten der Migrant_innen in den USA und den dortigen Beschäftigungsfeldern gezeigt, zum einen im Südwesten, insbesondere in Las Vegas, zum anderen in St. Petersburg und Clearwater in Florida. Die typischen zu sehenden Arbeitsbereiche sind die Tourismusbranche (in Hotels, Restaurants, Casinos), der Bausektor sowie der Bereich der Gartengestaltung und -pflege. Dabei sollen die Schüler_innen auf folgende Aspekte hingewiesen werden:

Erstens ist es nicht so, dass alle Migrant_innen unter extrem prekären Bedingungen unqualifizierten Arbeiten nachgehen. Viele haben sich nach und nach hochgearbeitet und gewinnen das Vertrauen ihrer Chefs. Zudem gründen relativ häufig Migrant_innen eigene Unternehmen, zum Beispiel für Dienstleistungen in der Gartenpflege. Zweitens gab es vor mehreren Jahren in dem Tourismusgebiet von Clearwater ein erstaunliches Ereignis. Damals war eine Razzia durchgeführt worden, bei der viele irreguläre Migrant_innen festgesetzt und später ausgewiesen wurden. Am nächsten Tag stand die gesamte Tourismusindustrie in Clearwater still, weil zu viele Arbeitskräfte fehlten. Daraufhin setzten sich die betroffenen Unternehmer und lokale Vertreter staatlicher Institutionen zusammen und vereinbarten offenbar, dass es nie wieder eine Razzia geben sollte, da diese die lokale Wirtschaft gefährdeten. Zwar gibt es weiterhin Kontrollen, aber nicht mehr in diesem Ausmaß, was die damit verbundenen Probleme, auch für die Migrant_innen selbst, mindert. Ein weiterer Punkt, der ein Umdenken beeinflussen kann, ist die Tatsache, dass nach Ausweisungen oft Kinder alleine zurückbleiben.

Als weiteren wichtigen Aspekt zeigen die Bilder wie sich Migrant_innen an das Leben in den USA angepasst und sich eine eigene Infrastruktur erschaffen haben. Dazu gehören mexikanische Geschäfte und Restaurants, die fast wie in Mexiko wirken. Darüber hinaus wird der Alltag in der Region um Clearwater teils dadurch erleichtert, dass viele Banken, Unternehmen aber auch Behörden ein Dokument akzeptieren, das eine mexikanische Organisation als Ausweisersatz ausgibt. Hintergrund dafür ist, dass von beiden Seiten ›Integrationsprobleme‹ und mögliche Konflikte ausgemacht wurden, woraufhin es zu Treffen von Vertretern beider Seiten kam. Seitdem wird den Migrant_innen, trotz ihres oft illegalen Status, eine de-facto-Bürgerschaft zugestanden, solange es nicht zu Straftaten u.ä. kommt. Eine Folge davon sind mexikanische Basketballligen, Fußballturniere, die genannten Geschäfte und Ausweise, die den Migrant_innen erleichtern sollen, einen Platz in der Gesellschaft zu finden, gerade auch damit Jugendliche nicht kriminell oder drogenabhängig werden.

Segunda parte: Discusión y reflexión final

In dieser abschließenden Sitzung soll eine generelle Diskussion unter Rückgriff auf Film, Präsentation und die von den Schüler_innen vorbereiteten Themen stattfinden. Ziel ist es, zunächst alle Elemente zusammenzuführen und eventuell noch offene Fragen zu klären, um den Komplex der Migration zwischen Mexiko und den USA dann mit der europäischen Situation zu vergleichen. Dies ist aus zwei Gründen wichtig: Erstens wird so der Bezug des globalen Themas zum eigenen Umfeld der Schüler_innen verstärkt. Zweitens soll verhindert werden, dass gerade die problematischen Aspekte der Situation mexikanischer Migrant_innen als ein fernes, spezifisches Problem der USA angesehen werden. Den Schüler_innen soll klar werden, dass es in Deutschland in allen Bereichen, positiv wie negativ, ähnliche Prozesse gibt. So sollte einerseits die Stellung und Lebensperspektive von Migrant_innen in Deutschland diskutiert werden. Andererseits soll auf die europäische Grenzsicherung und aktuelle (politische) Diskussionen und Ereignisse hingewiesen werden. Entsprechende Hinweise und Einordnungen sollen durch die Lehrkraft vorgenommen werden.

Die Grenzsicherung in den USA sowie die Position und Probleme von Migrant_innen in den USA unterscheiden sich zwar in manchen Punkten von der Situation in Europa, es gibt aber auch sehr viele Parallelen. Darüber hinaus bestehen auch in Europa ausgeprägte transnationale Verflechtungen von Migrant_innengemeinschaften, die zu veränderten Lebensperspektiven und einem intensiven Austausch zwischen unterschiedlichen Orten inner- und außerhalb Europas führen. Stichpunkte für die Diskussion können daher sein: Leitkultur, Integrationsdebatten, eingeschränktes Asylrecht, Status minderjähriger Flüchtlinge, Residenzpflicht, die Arbeit von Frontex, die massenhaften Todesfälle von Migrant_innen, die versuchen, das Mittelmeer zu überqueren, die ›Illegalisierung‹ von Migrant_innen und ihre Lebenssituationen.

Preguntas para la discusión final
- ¿Qué sabéis sobre la migración en Europa y Alemania?
- ¿Cómo se ve la migración en su ciudad?
- ¿Cómo se trata el tema de la migración o los migrantes en Alemania?
- ¿Qué significa esto para los migrantes?
- ¿Existen fenómenos parecidos de migración como los ya tratados en el contexto estadounidense? Qué es semejante o qué es distinto?
- ¿Existe en Europa otro trato con la migración?
- ¿Cómo es posible llegar a Europa ilegalmente? ¿Cúales son los peligros con los que se enfrentan aquellos migrantes que viven en Europa ilegalmente? ¿Cómo se controlan en Europa las fronteras?
- ¿Cómo es la situación de vida de los migrantes en Alemania?

LARA JUSSEN, JOCHEN KEMNER

IDA Y VUELTA: MIGRACIÓN LATINO- AMERICANA A MADRID

Komplementär zum Baustein ›Lima: Migrar a la ciudad de los reyes‹, der sich u.a. mit der jüngsten Einwanderungsbewegung von Spanien nach Lateinamerika beschäftigt, wirft der Baustein ›Ida y vuelta: Migración latinoamericana a Madrid‹ einen Blick auf die Gegenbewegung, die Situation von Einwanderer aus den Ländern Lateinamerikas in Spanien. Am Beispiel Madrid lassen sich zum einen sozio-geographische Merkmale dieser Einwanderungsgruppe darstellen, die im Gegensatz zur spanisch-lateinamerikanischen Migration überwiegend Beschäftigungen in unterqualifizierten Bereichen findet, wie der Bauwirtschaft oder in haushaltsnahen Tätigkeiten. Darüber hinaus thematisiert dieser Baustein die Situation ›irregularisierter‹ Einwander_innen, ihre oft prekären Arbeitsbedingungen sowie die Arbeit von Selbsthilfeorganisationen der Migrant_innen. Ein weiteres Phänomen, das in dieser Einheit betrachtet wird, sind transnationale Familien. Die Frage der Rückkehr in die Heimat, die sich viele lateinamerikanische Einwanderer in Spanien gerade während der Zeit der ökonomischen Krise stellen, wird abschließend in den Blick gerückt. Methodisch liegt ein Schwerpunkt dieser Unterrichtseinheit auf der Beschäftigung mit der Textgattung Zeitungsartikel.

Überblick über die einzelnen Unterrichtseinheiten

4.1. Introducción: La conquista al revés
Mittels sozioökonomischer Daten und eines Sachtextes lernen die SuS die Realitäten lateinamerikanischer Einwanderer in Spanien kennen.

4.2. Buscarse la vida en Madrid
Die SuS erhalten über Interviewauszüge Einblicke in den Lebensalltag lateinamerikanischer Migrant_innen in Madrid und die Aktivitäten von Migrant_innenorganisationen.

4.3. ¿A dónde pertenezco? Familias transnacionales
Infolge der spanischen Wirtschaftskrise stellen sich viele lateinamerikanische Einwanderer die Frage nach der Rückkehr in die Heimat. Diese Einheit thematisiert die emotionale Zerrissenheit der in Spanien aufgewachsenen Jugendlichen aus Lateinamerika und greift in einem Rollenspiel die Situation transnationaler Familien auf.

Übersichtstabellen zur Unterrichtsplanung

4.1. Introducción: La conquista al revés

Ziele: Die SuS erarbeiten sich Kontextwissen über Umfang und geographische Distribution der Migrationsbewegungen nach Spanien/Madrid, speziell aus Lateinamerika.

Fachspezifische Kompetenzen: Textverständnis (diskontinuierliche Texte), Sprachmittlung, soziokulturelles Orientierungswissen zu Migrationsbeziehungen zwischen Spanien und Hispanoamerika.

Kompetenzbereiche des Globalen Lernens: Informationsverarbeitung, Perspektivenwechsel und Empathie.

Wesentliche Aspekte des Interaktionsgeschehens	Sozialform	Medien/Material	Anforderungsbereiche (Operatoren)
Die LP zeigt die Karikatur ›**El Sueño**‹, die in das neue Thema einführt. Die SuS überlegen sich einen Satz für die verbleibende leere Sprechblase. Im anschließenden Unterrichtsgespräch können die SuS erste Eindrücke und Assoziationen äußern zur dargestellten Situation. Die LP erläutert kurz den Zusammenhang mit dem neuen Thema, die Situation Spaniens als Einwanderungsland.	Einzelarbeit Plenum: gelenktes Unterrichtsgespräch	**M 4.1:** Karikatur ›El Sueño‹ OHP bzw. Beamer + PC	III (escribir) I (describir) II (interpretar)
Die SuS erarbeiten sich mittels der Analyse verschiedener Grafiken, die Migrationsbewegungen abbilden, Kontextwissen über Umfang und geographische Distribution der lateinamerikanischen Einwanderer in Spanien.	Plenum	**M 4.2:** Abbildungen zur Einwanderungsdemographie OHP bzw. Beamer + PC	I (contar) II (analizar)
Die SuS lesen einen kurzen Sachtext zur historischen und gegenwärtigen Migrationsbeziehung zwischen Spanien und Lateinamerika und bearbeiten dazu ein Aufgabenblatt. Der Sachtext vertieft das Kontextwissen und bereitet die weitere thematische Vertiefung einzelner Aspekte des Themas in den folgenden Sitzungen vor. Wahlweise kann der Text als Sprachmittlungsübung (Deutsch) oder direkt in der Zielsprache (Spanisch) bearbeitet werden.	Partnerarbeit	**M 4.3:** Hintergrundtext ›Lateinamerikaner_innen in Madrid‹ **M 4.4:** Hintergrundtext ›Notas sobre la inmigración latinoamericana en España‹	I (resumir) III (comentar)

4.2. Buscarse la vida en Madrid

Ziele: Über den Film und das Interview werden Eindrücke zur Alltagswirklichkeit von Migrant_innen aus Lateinamerika in Madrid vermittelt. Der Zeitungsartikel und die Statistiken verweisen auf den generellen Zusammenhang zwischen den Auswirkungen der Wirtschaftskrise in Spanien und der Zunahme von Rassismus und Fremdenfeindlichkeit gegenüber Migrant_innen.

Fachspezifische Kompetenzen: Hör(seh)verständnis, Einsicht in Sprachvariationen, Verfassen produktorientierter Texte, soziokulturelles Orientierungswissen zu gegenwärtigen gesellschaftlichen Diskussionen; Analyse von Sachtexten, Perspektivenwechsel.

Kompetenzbereiche des Globalen Lernens: Erkennen von Vielfalt, gesellschaftliche Handlungsebenen von Individuen erkennen, Informationsverarbeitung, vernetztes Denken.

Wesentliche Aspekte des Interaktionsgeschehens	Sozialform	Medien/Material	Anforderungsbereiche (Operatoren)
Der Dokumentarfilm ›**Apuntes sobre la migración**‹ vermittelt Ansichten lateinamerikanischer Migrant_innen in Madrid. Arbeitsteilig suchen die SuS nach Informationen zu verschiedenen, in dem Film angesprochenen Migrationsaspekten, hinterfragen aber auch die Repräsentativität der in diesen Film interviewten Migrant_innen und damit dessen intendierte Botschaft.	Plenum	**M 4.5:** Documental ›Apuntes sobre la migración‹	I (resumir) III (comentar)
Das Interview mit zwei Aktivistinnen von Organisationen lateinamerikanischer Migrantinnen spricht verschiedene Facetten der Situation von Migrant_innen aus Lateinamerika an und vertieft insbesondere die Bedingungen von allein migrierenden Frauen in Madrid. Auf der Grundlage der in dem Interview vermittelten Aussagen schreiben die SuS einen Zeitungsartikel.	Einzelarbeit	**M 4.6:** Interview ›Las mujeres inmigrantes se organizan‹	III (redactar)
Die SuS lesen einen Artikel aus der spanischen Zeitung ›El País‹ über fremdenfeindliche Übergriffe auf Migrant_innen und die Stimmung, die ihnen gegenüber in der Bevölkerung herrscht. Dazu erhalten sie zwei Grafiken, die die Entwicklung der Arbeitslosenquote in Spanien und das Migrationssaldo des Landes infolge der Wirtschaftskrise nach 2008 abbilden. Der Blick wird so auf den Zusammenhang zwischen den Auswirkungen der wirtschaftlichen Existenzängste und Ausgrenzungsprozessen gelegt. Da dies kein rein spanisches Phänomen ist, soll im Unterrichtsgespräch diskutiert werden, inwiefern den SuS bewusst ist, dass dieser Zusammenhang auch in Deutschland besteht und was man gegen solche Erscheinungen unternehmen kann.	Partnerarbeit Plenum: gelenktes Unterrichtsgespräch	**M 4.7:** Abbildung ›Evolución del saldo migratorio‹ **M 4.8:** Abbildung ›Evolución del paro en España‹ **M 4.9:** Zeitungsartikel ›La crisis agrava la xenofobia en Espana‹	I (resumir) II (relacionar) III (buscar soluciones)

4.3. ¿A dónde pertenezco? – Familias transnacionales

Ziele: Die abschließende Einheit dient der Auseinandersetzung mit transnationalen Aspekten von Migration. Während der Zeitungsartikel am Beispiel der Situation von Jugendlichen, die vermutlich nur wenig älter sind als die SuS, einen Einstieg in das Thema bietet, regt das Rollenspiel dazu an, sich in unterschiedliche Positionen in einer aufgrund Migration getrenntlebenden Familie hineinzuversetzen.

Fachspezifische Kompetenzen: Leseverstehen, Texte vorstellen, soziokulturelles Orientierungswissen zu Alltagswirklichkeiten junger Menschen, Standpunkte in einem Gespräch vertreten, Meinungen darlegen.

Kompetenzbereiche des Globalen Lernens: Perspektivenwechsel und Empathie, Handlungsfähigkeit im globalen Wandel.

Wesentliche Aspekte des Interaktionsgeschehens	Sozialform	Medien/Material	Anforderungsbereiche (Operatoren)
Die Klasse wird in vier Gruppen aufgeteilt, die jeweils einen Auszug aus dem Zeitungsartikel ›**Mamá, quiero quedarme en España**‹ erhalten. In diesem werden lateinamerikanische Jugendliche vorgestellt, deren Eltern aufgrund der Wirtschaftskrise in Spanien in ihre Heimatländer zurückkehren. Die Gruppen erstellen einen Steckbrief der portraitierten Person und setzen sich mit deren Handlungsoptionen auseinander.	Gruppenarbeit, Plenum: gelenktes Unterrichtsgespräch	*M 4.10:* Zeitungsartikel ›Mamá, quiero quedarme en España‹	II (retratar), I (presentar) III (justificar)
Das Rollenspiel ›**Familias transnacionales**‹ bietet die Möglichkeit, sich in die Situation einer durch Migration getrenntlebenden Familie und der durch die Trennung entstehenden Probleme hineinzuversetzen und exemplarisch nach Handlungsoptionen zu suchen. In der Auswertung des Rollenspiels können noch einmal verschiedene Aspekte der gesamten Unterrichtseinheit aufgegriffen und vertieft werden.	Gruppenarbeit, Rollenspiel Plenum: gelenktes Unterrichtsgespräch	*M 4.11:* Einführungstext ›Familias transnacionales‹ *M 4.12.–4.17:* Rollenkarten *M 4.18:* Beobachtungsbogen	I (presentar) II (exponer) III (buscar soluciones)

4.1.

Introducción:
La conquista al revés

▶ **M 4.1: Viñeta ›Sueños‹**

▶ **M 4.2: Datos demográficos sobre la inmigración en España y en Madrid.**

España es uno de los países de Europa con mayor índice de inmigrantes. Compara el mapa que indica la procedencia de los inmigrantes en 2006 con los datos del año 2015.
- ¿Qué ha cambiado?
- ¿Cuáles podrían ser los motivos de estos cambios?

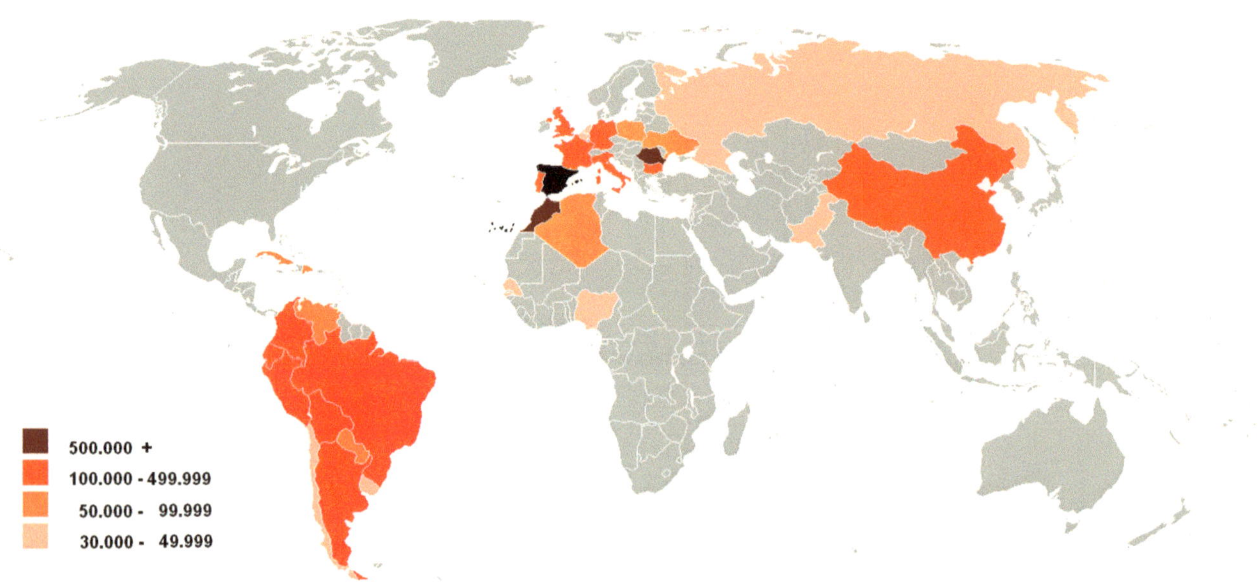

Fuente INE
(Instituto Nacional de
Estadísticas)

Mapa 1: España: Población extranjera por procedencia (2006)

País	N° inmigrantes	País	N° inmigrantes
Rumanía	752.268	Portugal	98.751
Marruecos	750.883	Ucrania	91.004
Reino Unido	283.243	República Dominicana	75.315
China	191.638	Argentina	75.313
Italia	179.363	Brasil	73.863
Ecuador	176.397	Perú	71.112
Colombia	151.258	Rusia	68.387
Bulgaria	142.328	Polonia	63.324
Alemania	130.911	Argelia	62.398
Bolivia	126.375	Senegal	61.798
Francia	99.598	**Total**	**4.729.644**

Fuente INE

Tabla 1: España: Población extranjera por procedencia (2015)

▶ M 4.3: Lateinamerikaner_innen in Madrid

1 Spanien, und insbesondere Madrid, erlebte seit den späten 1990er
Jahren und bis zur ökonomischen Krise, die 2008 einsetzte, starke
Einwanderungsbewegungen. Lateinamerikaner_innen stellen dabei
die größte kontinentale Einwanderer-Gruppe, wobei Ecuadorianer,
5 Kolumbianer, Bolivianer und Peruaner lange dominierten, also Einwanderer aus den andinen Ländern. Lateinamerikaner_innen sind
heute aus dem Stadtbild Madrids nicht mehr wegzudenken. In Abgren-
zung zu afrikanischen, osteuropäischen und anderen Einwanderer-
gruppen werden sie auf Grund ihrer sprachlichen, historischen, kul-
10 turellen und religiösen Nähe zur spanischen Gesellschaft auch als die
beliebtesten Einwanderer des 21. Jahrhunderts bezeichnet. Nichts-
destotrotz erleben Migrant_innen in mehreren sozialen Dimensionen Diskriminierung, so in Bezug auf Wohnraum, auf der Arbeit und
im Alltag. Es herrscht eine zum Teil paternalistische Attitüde unter
15 Spaniern, welche Lateinamerikaner_innen als ihre ›armen Verwand-
ten‹ und als ›unterentwickelt‹ ansehen, so dass eine Begegnung auf
Augenhöhe oftmals vertan wird.

Die meisten kommen mit dem Flugzeug nach Madrid, und sofern
sie es schaffen, die Einreisekontrollen zu überwinden, bleiben sie meist
20 in der Hauptstadt, auch nachdem das dreimonatige Touristenvisum
abläuft, welches sie bei der Einreise erhalten. Somit werden sie zu
irregularisierten Migrant_innen[1]. Dies hat zur Folge, dass ihnen die
Teilnahme am offiziellen Arbeitsmarkt zunächst verwehrt bleibt, so
dass sie oft als Hausangestellte und Bauarbeiter, zunächst in informel-
25 len Arbeitsverhältnissen ihr Überleben sichern. Oft migrieren zunächst
Frauen, die im Haushalt Anstellung finden. Hier sind sie zwar einerseits
vor Polizeikontrollen geschützt, andererseits sind die Arbeitsbedingungen von ›internas‹ oft sehr hart: viele kommen sechs Tage die Woche
gar nicht aus dem Haus, kümmern sich um den Haushalt, putzen,
30 kochen, bügeln, betreuen die Kinder oder übernehmen die Altenpflege,
meist bis spät in die Nacht, wenn die Familie zu Bett geht, um am
nächsten Tag als Erste aufzustehen und das Frühstück bereitzuhalten.

Sobald Frauen es schaffen, ihren Aufenthaltsstatus zu regularisieren, holen sie Mann und/oder Kinder nach, wobei Männer meist
35 über Netzwerke schnell informelle Jobs im Baugewerbe finden. Den
Aufenthaltsstatus zu regularisieren kann lange dauern, – manche
Immigranten leben nach 10 Jahren immer noch ›sin papeles‹ – ohne
Papiere – so dass ein Familienbesuch im Herkunftsland ausfallen muss.
Zur Regularisierung muss den Behörden ein Arbeitsvertrag vorgelegt
40 werden. Genau dieser ist in Zeiten von wirtschaftlicher Krise und
hoher Arbeitslosigkeit jedoch immer schwieriger zu bekommen.

Im Unterschied zu Deutschland gewährt der spanische Staat irregularisierten Migrant_innen gewisse Grundrechte, so wie das Recht
auf Schulbildung für Minderjährige, auf gesundheitliche Grund-
45 versorgung, das Recht auf Versammlungsfreiheit, Demonstrations-
und Assoziationsrecht sowie auf gewerkschaftliche Organisation.
Diese Rechte stärken das Selbstverständnis irregularisierter Bürger,
so dass sie im sozialen Leben in Erscheinung treten, in Assoziati-
onen, bei Theateraufführungen, im Arbeitsleben und Alltag, auch
50 wenn ihre Deportierbarkeit sie faktisch und psychologisch preka-
risiert und sie sich vor Polizeikontrollen in Acht nehmen müssen.

Durch Erfahrungen mit Auswanderungsbewegungen, z.B. nach
Lateinamerika, aber auch in den 1960er Jahren und heute wieder
nach Deutschland, ist die spanische Gesellschaft relativ offen für
55 Einwanderer. So gibt es in Madrid zahlreiche staatlich geförderte, aber
auch selbstorganisierte Anlaufstellen für Migrant_innen, die soziale,
juristische und psychologische Unterstützung anbieten sowie über
Rechte und Fragen, die den Aufenthaltsstatus betreffen, informieren.

[1] Da Menschen nicht ›illegal‹ sind, wird mit dem Begriff der ›Irregularisierung‹ versucht, den staatlich zugewiesene Aufenthaltsstatus von Mitbürger_innen ›ohne Papiere‹ zu bezeichnen. Eine in Madrid benutzte Formulierung ist »Menschen in einer administrativen irregulären Situation«, welche den Charakter der staatlich gemachten Option der Irregularisierung als demokratische Anomalie hervorhebt. Im Unterschied zum Deutschen Staat bietet Spanien mehr Möglichkeiten der Regularisierung des Aufenthaltsstatus und diese werden auch weitaus massiver genutzt.

Text Lara Jüssen

**Die benötigten
Medien befinden
sich im Zusatz-
material.**

Actividad:
Redacta un resumen del texto en español y coméntalo con un
compañero/una compañera.

▶ **M 4.4: Alternativ kann der Text, etwa im Leistungskurs, auch auf
Spanisch gelesen werden. Die spanische Variante des Textes mit
Fragen zum Textverständnis und Transfer befindet sich in den
Zusatzmaterialien.**

4.2.

La vida de los inmigrantes latinoamericanos en Madrid

**Die benötigten
Medien befinden
sich im Zusatz-
material.**

▶ **M 4.5: Filme ›Apuntes sobre la migración‹**

**En este documental, encargado por el Museo de América en
Madrid, cuatro inmigrantes latinoamericanos hablan sobre aspectos
relacionados con su migración y su vida en España.**

Actividad:
Variante 1: La clase se divide en cuatro grupos. Los miembros de cada
grupo van haciendo apuntes sobre el punto de vista de uno de los cuatro
entrevistados para ensamblar un retrato de la persona.

Variante 2: Los grupos rastrean el documental buscando informaciones
sobre diferentes aspectos tratados por los entrevistados. En el grupo se
ponen de acuerdo para después presentar sus resultados en el aula.

Grupo a) ¿Motivos de salida de sus países?

Grupo b) ¿Comienzos en España?

Grupo c) ¿Qué piensan sobre España?

Grupo d) ¿Qué dicen sobre la migración?

Después de ver el documental:
¿Qué imagen transmite sobre la inmigración latinoamericana en España?
¿Por qué se ha escogido a estas personas para el documental? ¿Pensáis que
son representativos para el grupo de los inmigrantes latinoamericanos?

. . . .

▶ M 4.6: Las mujeres inmigrantes se organizan

La vida en el extranjero, lejos de la familia y de los amigos, puede resultar para muchos migrantes bastante difícil. Debido a esto, han surgido las asociaciones de ayuda mutua. Hemos entrevistado a dos mujeres, Tanía García Sedano (Territorio Doméstico) y Mercedes Rodríguez Ávila (Red de Mujeres Latinoamericanas) para hablar sobre el trabajo de sus organizaciones y la situación de inmigrantes latinoamericanos en Madrid.

. . . .

1 **Pregunta: ¿Por qué España ha sido en el pasado reciente uno de los principales países de acogida para los migrantes latinoamericanos?**

Tania García Sedano: Porque tenemos unas raíces compartidas, culturales
5 y lingüísticas. En España incluso para obtener la nacionalidad el plazo de residencia para los inmigrantes de países la tradición histórica-cultural a es inferior al del resto de países por la tradición histórico-cultural que nos une, de hecho, se habla de Latinoamérica, pero también de Iberoamérica, donde está incluída la península. Yo creo que esa es la razón fundamental.
10

Pregunta: ¿Es por esos lazos históricos que la sociedad acogedora[1] española trata a los inmigrantes latinoamericanos de manera distinta a, por ejemplo, migrantes del Este de Europa o de África?

15 Mercedes Rodriguez Ávila: Yo creo que sí, el tratamiento es muy diferente. Para empezar el idioma, las costumbres, los códigos. Es que nos manejamos[2] dentro del mismo contexto, entonces la diferencia es sustancial. Para los inmigrantes subsaharianos[3] es más difícil que trabajen en empleos de hogar por el idioma. Su economía sí que es
20 absolutamente informal. Por ejemplo venden en las calles, y si son productos protegidos por propiedad intelectual su única manera de sobrevivir se ha criminalizado y eso hace que socialmente se les estigmatice y se vean terriblemente marginados.

25 **Pregunta: En muchos casos los inmigrantes son padres o madres de familia que dejan a sus hijos atrás para tratar de apoyar a sus familias con el dinero que ganan en el extranjero. ¿Cómo se mantienen los vínculos entre los familiares?**

30 Mercedes Rodriguez Ávila: Sí, la migración latinoamericana ha sido transnacional desde un principio. Las mujeres migran, por eso se habla de la feminización de las migraciones en la cadena global de cuidados[4]. Desde ahí dejan a sus familias, sus hijos, en el país de origen. Se mantiene el vínculo principalmente a través de los locutorios[5] y también
35 de la apropiación[6] de las nuevas tecnologías de la información, programas como el skype o facebook para las mujeres migrantes son muy importantes. Probablemente antes no conocían esas herramientas[7], pero la necesidad de comunicar con su familia hace que se apropien.

40 **España ha sido afectada fuertemente por la crisis económica desde el año 2008. ¿De qué manera esa crísis ha afectado y cambiado la vida laboral y la vida social de los migrantes?**

Mercedes Rodriguez Ávila: La crisis económica ha afectado a toda la
45 población española, sobre todo las clases medias que tienden a[8] desaparecer. Ahora con la crisis se empieza a dar un desplazamiento[9] de la población migrante, ya empiezas a ver a la población autóctona[10], nacional, trabajando donde antes trabajaban los migrantes, ante la falta de trabajo. Para la población emigrante esto significa más inestabilidad,
50 tabilidad, más precariedad[11] y sobre todo incertidumbre de futuro. Muchas habían pensado que ya era su momento de asentarse en el

1 acoger = recibir

2 manejarse = moverse

3 subsahariano = personas de África al sur del Sahara

4 cuidado = hier: Pflege

5 locutorio = Call Shop

6 apropiación = utilización

7 herramienta = instrumento

8 tender a = dt. dazu tendieren

9 desplazar = dt. verdrängen

10 autóctono = nativo

11 precariedad = inseguridad

12 aportar =
poner a disposición

13 calidez =
cordialidad

14 proporcionar =
facilitar

15 centro de
internamiento para
extranjeros =
dt. Abschiebehaft-
anstalt

16 movimento mestizo =
dt. gemischte/
gemeinsame
Bewegung

país de acogida como España, pero ahora todo está en incertidumbre, »¿A dónde voy?, ¿A dónde haya trabajo?, ¿Retorno?, ¿Cómo vuelvo a mí país?«. Hay casos de familias de origen que les envían remesas ahora a las mujeres migrantes en Madrid para sostenerse. 55

¿En qué pueden las organizaciones no gubernamentales en las que ustedes trabajan apoyar a estas mujeres?

Tania García Sedano: Por un lado y a nivel personal creo que aportamos[12] 60 un lugar donde sentirse en casa, con amigas, un lugar de cercanía y de calidez[13] humana que es tan importante para todo. Para las compañeras que están en situación irregular proporcionamos[14] talleres o un mínimo de acompañamiento para los casos en los que son detenidas por su situación irregular o son internadas en un centro de internamiento 65 de extranjeros[15]. Además de esas dos cosas quizá la más importante es que en este espacio ellas no son inmigrantes irregulares, sino que son quienes son: Rafaela, Gladys, Margarita, Lucrecia, y desde ahí, desde lo que son ellas mismas, reivindican un mundo mejor, un mundo mejor en España porque es donde están, lo cual es un acto de generosidad muy 70 grande, porque no luchan solo por ellas, sino que luchan también porque las cosas sean buenas para todos. Entonces digamos que yo creo que ahí se produce la magia de que todas estamos juntas en pro del beneficio común, y eso es maravilloso. Yo creo que la mezcla de todo lo que te he contado es lo que hace que los movimientos mestizos[16] sean cada vez 75 más frecuentes y más enriquecedores para autóctonos e inmigrantes.

Entonces, ¿existe un sentido de pertenencia latino entre los migrantes latinoamericanos en España a pesar de todas las diferencias de orígen que las pudieran separar? 80

Mercedes Rodriguez Ávila: Sí. Yo creo que sí, personalmente además de que participo en la red de mujeres latinoamericanas, podría haber sido otra red. Pero también sentimos que hay ciertos códigos, que si bien nosotras estamos integradas, hacemos ejercicio en la ciudadanía, y 85 creemos que ya estamos asentadas en Madrid, hay cosas que no quisiéramos perder, nos mezclamos, nos juntamos, hacemos cosas con otras y muy bien, pero hay partes de la identidad propia que quisiéramos que no se pierdan.

90

Tania García Sedano: Yo creo que parte de esa identidad también surge de que América Latina fue una colonia española, y en aquel momento, aunque había una división administrativa desde España, no había una diferencia étnica como ahora. Entonces el tratamiento, la analogía simbólica entre todo el territorio creo que se mantiene por parte de los 95 españoles hasta hoy. Entonces ellos cuando vienen lo traen, tienen por ejemplo tiendas de productos típicos, las llaman »tiendas de productos latinos«, no hablan de productos peruanos, ecuatorianos, bolivianos, no, es producto latino, o discoteca latina. Ellos mismos utilizan ese adjetivo para identificar todo lo que hay dentro de América Latina.

Actividades:
1. Lee la entrevista con las dos mujeres.
2. A base de la información dada en esta entrevista escribe un artículo de prensa de unas 200 palabras sobre el trabajo de las asociaciones asocaciones de apoyo a las migrantes. Encuentras más información sobre estas organizaciones en sus páginas web en el internet.
3. Escoje un título adecuado para tu artículo.

▶ M 4.7: Saldo migratorio

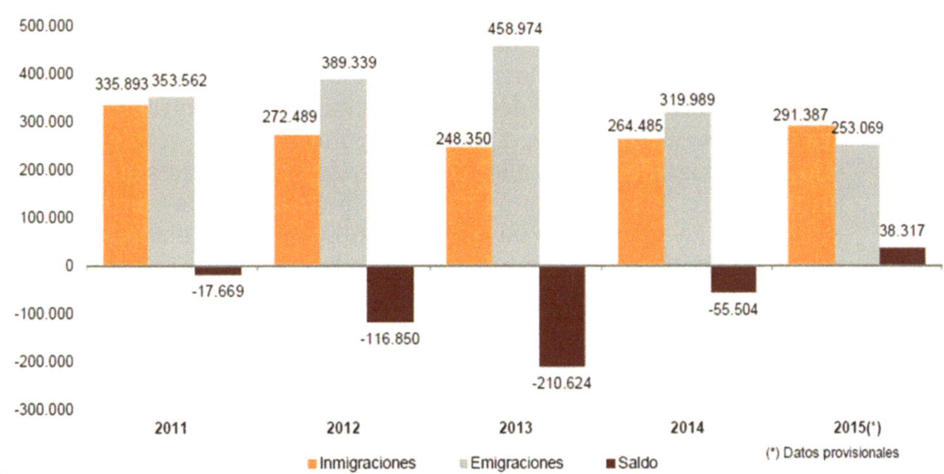

Gráfica 1: Evolución de la migración exterior de extranjeros por años (2011–2015)

Fuente
Instituto Nacional de Estadísticas (INE)

▶ M 4.8: Evolución del paro

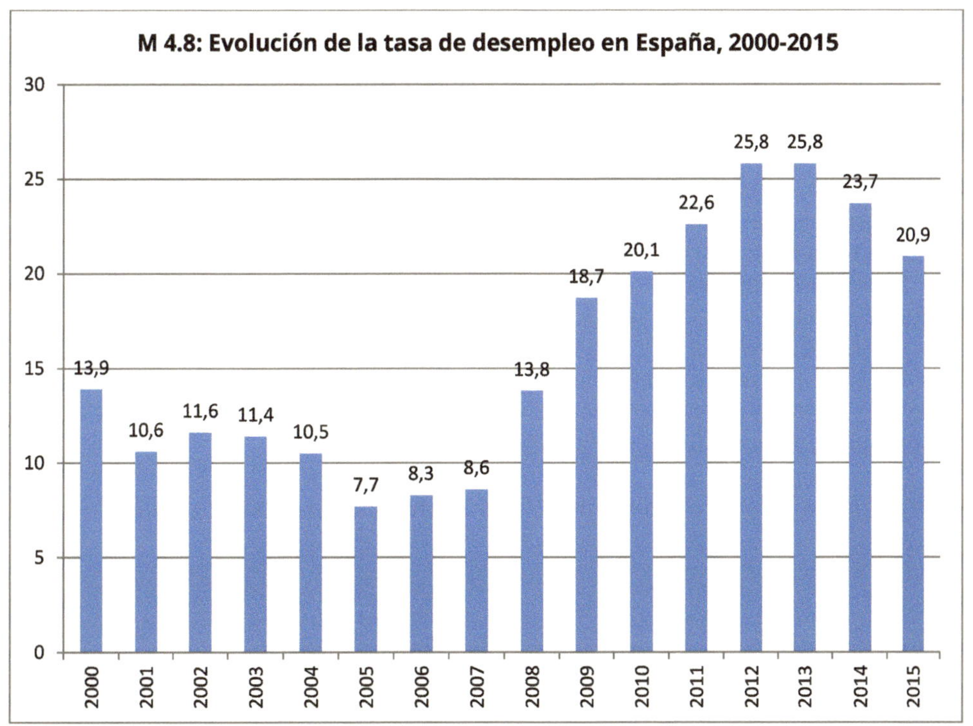

Fuente
Instituto Nacional de Estadísticas (INE)

··

▶ M 4.9: La crisis agrava la xenofobia en España

1 deteriorarse =
empeorar

2 convivencia =
vivir juntos

3 destacar =
sobresalir

4 sosegado =
pacífico

5 incidencia =
tasa

6 recelo =
desconfianza

7 perjudicial =
dañino, malo

La actitud de los españoles hacia los inmigrantes se deterioró[1] en 2012 por la crisis, aunque la convivencia[2] sigue siendo buena y las actitudes racistas no han aumentado demasiado, en contraste con otros países europeos como Francia, Austria o Suiza donde los partidos xenófobos se han beneficiado enormemente de la recesión y la tasa de paro. Mientras que la gente que declaraba aceptar a los inmigrantes en 2010 era un 70 %, en 2012 esta cifra se redujo al 57 %. En el mismo periodo, el rechazo declarado a las comunidades inmigrantes aumentó de un 10 % a un 14 %. Los datos han sido facilitados este viernes por la Fundación La Caixa, que ha presentado un informe elaborado en 17 barrios o distritos de 14 provincias en toda España.

El aumento de la intolerancia no llama »en exceso« la atención de Joaquín Arango, catedrático de sociología y experto en demografía en la Universidad Complutense. En el caso español cabe destacar[3], según él, »la sosegada[4] acogida de los inmigrantes, y que esta se haya mantenido durante seis años de crisis terrorífica«. El aumento del rechazo se puede explicar por »la gravedad de la crisis, pero esas manifestaciones no son mayoritarias«, explica por teléfono. Un ejemplo de tolerancia que presenta Arango es la baja incidencia[5] de islamofobia en el país, en comparación con otros países europeos. »Es cierto que aquí hay menos inmigrantes musulmanes, pero los atentados de Atocha [el 11–M] no se tradujeron en grandes rechazos ni incidentes«, añade. Según el informe, dos de cada tres habitantes (el 67 %) considera inaceptable que se excluya a una alumna de un colegio por llevar puesto el velo. A pesar de ello, el recelo[6] declarado hacia »lo musulmán«, según la encuesta, aumentó de un 23 % a un 26 % entre 2010 y 2012.

Los datos de convivencia, a pesar de todo, son positivos. La gran mayoría de encuestados (el 78 %) siente que su barrio es un buen lugar para vivir. Y el 44 % de padres cree que la diversidad en la escuela es enriquecedora para sus hijos, frente al 2 % que cree que es perjudicial[7]. [...]

Diario >El País<, 07.03.2014 [abreviado]

·····················   ··

Actividades:
A) Busca informaciones sobre:
  • La crisis económica en España desde 2008.
  • Los atentados del 11-M en la estación de Atocha en Madrid
B) Relaciona los datos de las dos estadísticas M 4.7. sobre la evolución de l
  a migración exterior en España y M 4.8. sobre la tasa del desempleo
  con los datos presentados en el artículo del diario ›El País‹ (M. 4.9.) sobre
  la convivencia entre nativos e immigrantes en España. Resume las
  informaciones en un texto de 150–200 palabras.
C) ¿Qué sabes sobre la situación en Alemania? ¿Es parecida o diferente?
D) ¿Qué se podría hacer para mejorar la convivencia en la sociedad?

···

4.3.

¿A dónde pertenezco? Familias transnacionales

▶ **M 4.10: Mamá, quiero quedarme en España**

1 **Abajo se encuentran cuatro extractos del artículo ›Mamá, quiero quedarme en España‹ publicado en el periódico ›El País‹. Cuatro adolescentes, hijos de inmigrantes latinoamericanos, cuentan como reaccionaron cuando sus padres decidieron volver a sus paises de orígen.**

5 **A) »Ojalá pueda criar a mis hijos aquí en Jerez«**

En Madrid, a Daniela Montes le llaman La andaluza; en Colombia, sus abuelos dicen que es La española y en Jerez de la Frontera es La
10 colombiana para sus amigos. »No pertenezco a ningún lugar. Pero mi hogar[1] es Andalucía«, dice con un marcado acento andaluz. La familia de Daniela llegó de Barranquilla a la provincia de Cádiz hace 15 años »llevando toda una vida en solo cuatro maletas«. Tenía diez años y su hermana, ocho. Fueron criadas[2] en Jerez, donde su padre montó una
15 empresa familiar de productos químicos: »Hacíamos los lavavajillas, los suavizantes ... Hasta nosotras teníamos que trabajar, metiendo las botellas en las cajas«.
    Su hermana decidió marcharse a Colombia para estudiar una carrera y »buscar sus orígenes«. Daniela, sin embargo, empezó a estudiar
20 Trabajo Social en la misma ciudad en la que creció. En el último año, por sacar buenas notas, logró una beca para terminar sus estudios en la Complutense de Madrid[3], donde se graduó[4] en 2011. Compatibilizó[5] su trabajo de trabajadora social con una maestría, participó de proyectos de investigación en el exterior y hoy, a los 25 años, trabaja
25 para la Comunidad de Madrid como mediadora[6] en conflictos. Mientras soluciona las pugnas entre vecinos de las viviendas de protección oficial, estudia Derecho en la UNED.
    En Jerez, la vida de su familia empezó a complicarse. Tras el cierre de la empresa, en 2007, su padre empezó a trabajar como representante
30 comercial de otras compañías, cobrando en función de lo que vendía. »No tenía un trabajo estable. Y con la crisis, cada vez le pagaban menos. En 2012 llegué a tener tres trabajos para ayudarles. A lo mejor ingresaba 600 euros en un mes, en otro 1.000 ... Pero la hipoteca no varía«. Su padre, de 60 años, finalmente recibió este año una oferta
35 de trabajo en Colombia. Se marchó hace un mes; su madre hará lo mismo en algunas semanas.
    »Ojalá pueda criar a mis hijos en Jerez, donde aún se puede pagar un euro por la Coca Cola, la gente es muy cercana y en 15 minutos se está en la playa. He sido una privilegiada. Estoy muy agradecida a mi
40 familia por todo«.

B) »En Madrid estoy en casa, a gusto«

Ramón Alcántara está acostumbrado a las separaciones. Su padre les
45 abandonó a él y a su hermana y, cuando tenía dos años, su madre se vio obligada a dejarles con su abuela en República Dominicana para buscarse la vida en España. No tenía trabajo, pero sí dos hijos a los que mantener. Con el dinero que conseguía como auxiliar de limpieza[7], los niños comían en Santo Domingo. Así fue durante 15 años. En este
50 periodo Ramón solo vio a su madre »un par de veces«. Cuando tenía 17 años, finalmente, logró los papeles para irse a España.

[1] hogar = casa

[2] criar = dt. aufziehen

[3] La Complutense = Name der größten spanischen Universität in Madrid

[4] graduarse = obtener un título universitario

[5] compatibilizar = conciliar con

[6] mediador/a = intermediario

[7] auxiliar de limpieza = dt. Aushilfsputzfrau

8 F[ormación] P[rofesional] en mecánica = dt. Mechaniker-ausbildung

9 inverso = al revés

10 remunerado = pagado

11 F[ormación) P[rofesional] de audiovisuales = dt. Ausbildung in audiovisuellen Medien

12 hostelería = dt. Hotel- und Gaststättengewerbe

13 desgastar = estropear

14 indignar = enfadar

15 no tener un duro = coloquial: no tener dinero

Hoy Ramón tiene 25, la doble nacionalidad y le encanta vivir en Madrid. »Estuve en otros lugares, pero estar en España, en Madrid, es estar en casa, a gusto. Es mi hogar«. Su hermana hoy vive en Italia y su hermano, que nació aquí, estudia una FP en mecánica[8] y trabaja en una tienda. 55

Una vez más se alejó de su madre, que hizo el camino inverso[9]: regresó hace un año a Latinoamérica. »Estuvo siempre trabajando, pero la cosa se complicó. Me imagino que vuelva a España algún día. No sé«. Ramón pensó en buscar empleo en otro país, pero al final es en España donde quiere estar. Hace algunos trabajos temporales, se dedica a »servir« en una iglesia evangélica y tiene el objetivo de estudiar en la Complutense. »Algo de deportes o ciencia de la salud, no lo tengo claro«. Está seguro de que, pese a todo, en Madrid tendrá una mejor formación, un trabajo mejor remunerado[10] y más seguridad. 65 »Hay cosas que sí han empeorado, pero con el tiempo pueden tener un nivel mejor a lo que era antes«. 60

C) »Hay que buscar las oportunidades«

70

Luis Enrique Melo llegó de Perú a España en 2007, cuando tenía 18 años, para vivir con su padre. Tenía tres objetivos claros: »Estudiar, estudiar, estudiar«. Pronto se metió en una FP de audiovisuales[11] y, dos años después, empezó periodismo en la Complutense. Su padre, quien llevaba toda una vida en Madrid, trabajaba en hostelería[12] y vivía 75 una vida tranquila.

Las cosas se fueron volvieron cada vez más difíciles y hace tres años su padre perdió el empleo. Tras un año y medio, cuando ya casi se le acababa el dinero del paro, decidió regresar a Perú. »Él había venido por un sueño, pero le desgastó[13] la vida. Se sintió vencido, la situación 80 le obligaba: no había trabajo«. Hace un año que volvió a Perú. Luis Enrique, en cambio, se busca la vida como puede. Hoy, con 26 años, trabaja como camarero en un restaurante peruano por la tarde, para que pueda compatibilizar con los estudios. Por la noche, se dedica a ensayar en un grupo de danza 85 peruana. »Mi padre tiene su vida, yo estoy empezando la mía. Tenía una idea muy clara: quedarme aquí para estudiar, empezar una carrera profesional y, quizá, regresar un día a Perú«.

A pesar de que haya crecido en su país de origen, asegura que también se siente español por el simple hecho de que le indigna[14] 90 »los problemas que tiene el país«. Y se considera un privilegiado por lo que ha logrado: estudios, amigos, recuerdos, historias. »Pese a la crisis, creo que sí hay oportunidades. ¡Hay que buscarlas! Los latinoamericanos estamos acostumbrados a crisis, hay que buscarse la vida. Sigo creyendo en España y sé que este país puede dar mucho. 95 A mí me lo está dando. Valoro su seguridad, algo que no tenemos en América«.

D) »Mi vida aquí es más segura«

100

Tamara Salamea, de 21 años, poco recuerda de su vida en Ecuador. Llegó a España con solo cinco años junto a su padre, y un año después de que viniera su madre. »No teníamos un duro[15]«. Siete años después nació su hermana, la misma época en la que la familia decidió arrancar con un negocio propio y abrió dos restaurantes de 105 comida ecuatoriana. »Les fue muy bien, compraron piso, coche y a mí nunca me faltó nada«. Los dos establecimientos se cerraron por la crisis, el último hace tres años.

Su madre, hoy con 43 años, se fue entonces a Suiza para trabajar como guía turística mientras su padre, de 59, estuvo un año sin tra- 110 bajar. Finalmente, decidió regresar a Ecuador el pasado febrero, para abrir un negocio aprovechando una herencia familiar. Y Tamara se quedó sola, a cargo de su hermana de 13 años. »Ella al final se va a

115 Ecuador, y creo que también mi madre. Yo no. Estoy en el segundo
año de la carrera de Administración y Marketing en la Camilo José
Cela[16]. Y si las cosas mejoran, luego empiezo a trabajar y me pago un
máster«. Durante las últimas vacaciones en Ecuador, sí llegó a pensar
en estudiar allí. Pero se sintió demasiado insegura. Vio que no iba a
ser fácil adaptarse. »En mi país se vive bien, sin muchas preocupa-
120 ciones, pero aquí mi vida es más segura«. En España, cuenta, tuvo
la oportunidad de tener clase con buenos profesores. Ha obtenido
la doble nacionalidad y se ha integrado muy bien. Pero no se siente
española. »Mis padres me transmitieron sus raíces. Pero no creo
que pudiera regresar«.

Diario ›El País‹, 27.12.2014.

Actividades:
1. Lee el extracto del artículo y redacta un perfíl de una de las personas.
2. ¡Formad grupos de cuatro personas que han leído diferentes partes del
   artículo! ¡Preséntaos mutuamente con las biografías adoptadas!
3. Comparad, ¿cuáles son las actitudes de los cuatro jovenes frente a la
   decisión de sus padres de regresar a sus países de orígen? ¿Por qué
   prefieren quedarse en España?
4. ¿Cómo os imagináis la reacción de sus padres al conocer la decisión de
   sus hijos de quedarse en España? ¿Haríais lo mismo?

▶ **M 4.11: Juego de rol: Familias transnacionales[1]**

Introducción:
El juego de rol simula una conversación ficticia entre los miembros de
la familia peruana López Pérez que actualmente vive en dos países diferentes. Está formada por María (34 años), su esposo Antonio (36 años) y
sus hijos Eduardo (14 años), Felisa (9 años), Emilio (5 años) y la madre de
María, Carmen (67 años). La Familia López Pérez es una llamada ›familia
transnacional‹, en la cual al menos un miembro vive en el extranjero. En el
caso de la familia López Pérez, María vive y trabaja desde hace tres años
en España, mientras que el resto de la familia sigue viviendo en un subur-
bio de Lima.

Para el juego de rol en el cual se discute si la familia debe de reunificarse
o seguir viviendo separado, la clase se divide en seis grupos. Cada grupo
asumirá el papel de algún miembro de la familia. Después que se hayan
personado en el papel, tendrá lugar una mesa redonda con tres rondas de
conversaciones y una ronda para tomar una decisión final.

16 Name einer
Privatuniversität
in Madrid, benannt
nach einem
spanischen Dichter

1 Das Rollenspiel
›Transnationale
Familien‹ wurde im
Rahmen des Semi-
nars ›Transnationa-
lität in persönlichen
Beziehungen‹ unter
der Leitung von Eve-
line Reisenauer an
der Universität Biele-
feld entwickelt. Fol-
gende Student_innen
haben bei der Kon-
zeption mitgewirkt:
Lili Nebieridze, Pedro
Velásquez Nube,
Jackson H. Rodríguez
Paredes, Lisa Poll-
mann, Verena Schulz,
Annette Trümper,
Silke Williams und
Yangze Yuan. Die
Übersetzung stammt
von Rosa Isabel
Castillo Macias. Die
deutsche Version des
Rollenspiels befindet
sich in den Zusatz-
materialien (M 4.19.).

Die benötigten
Medien befinden
sich im Zusatz-
material.

2 Die vorbereitenden
Schritte (Kennen-
lernen der Situation
und der Familie, Rol-
lenverteilung, Lektüre
der Rollenkarten)
könnten auch als
Hausaufgabe aufge-
geben werden. Auf
diese Weise ließe
sich das Rollenspiel
selbst und die Reflek-
tion auch innerhalb
einer Unterrichts-
stunde durchführen.

Transcurso del juego de rol[2]

1) La preparación (duración 15 min.)

El juego de rol simula una conversación telefónica entre María en España y
su familia en Perú. Después de que se haya explicado el contenido del juego
de rol, así como la constelación familiar y la situación concreta de la familia
Pérez López, se repartirán por sorteo los diferentes papeles entre los alumnos. Entonces los grupos se reunirán para familiarizarse con sus papeles,
reflexionar lo que querrán decir durante la conversación telefónica y elegir
un/una representante del grupo que participa en la llamada y en la posterior
toma de decisión del consejo familiar.

2) La familiarización con los papeles (duración 15 min.)

La clase se dividirá en seis grupos y se deslizarán en los papeles de los cuatro miembros de la familia que participan en la conversación telefónica.
La figura de María cuenta con tres funciones diferentes: como hija adulta,
esposa y madre. Todos reciben una descripción de sus papeles y tienen 15
minutos para leerlo y aclarar preguntas en el grupo. La tarea es defender
consecuentemente el punto de vista y la posición de su familiar en una conversación telefónica posterior, independientemente de que si estos corres-
ponden con su opinión personal o no. Al final se trata de tomar una decisión
en conjunto sobre el paradero futuro de cada miembro de la familia. Después
de la conferencia familiar se les dará a los alumnos la oportunidad de poder
hablar acerca de sus propios pensamientos y opiniones.

3) La realización: La conferencia de la familia (duración 15–20 min.)

Una vez que se hayan personados en los papeles, el juego de rol comienza.
En el centro del aula se pone una mesa. A un lado se sienta María con sus
tres personifaciones (esposa, madre, hija). Del otro lado se sienta primero
Antonio, después Eduardo y al final Carmen. Todos los demás miembros del
grupo que no desempeñan algún papel permanecen tranquilos y observan
la conversación. Cada vuelta durará entre 5 y 10 minutos. Luego se pasa el
auricular a las próximas personas.

Ronda 1: Conversación entre María y su marido Antonio
Ronda 2: Conversación entre María y su hijo mayor Eduardo
Ronda 3: Conversación entre María y su madre Carmen

4) La toma de decisión (duración 15 min.)

Una vez terminada la conversación telefónica los alumnos se reunen de
nuevo en sus respectivos grupos. Tienen 5 minutos para discutir que posición querrán adoptar en el consejo familiar con el que finaliza el juego. Cada
grupo elige un nuevo representante que se sienta en la mesa de la llamada
telefónica. Teniendo en cuenta todos los roles de los miembros de la familia
tienen otros 10 minutos para decidir donde cada persona debería vivir en el
futuro. Hay cuatro posibles resultados:

Opción 1: María permanece en España mientras que el resto de la familia
sigue viviendo en Perú.
  Si la familia opta por esta opción, podrán mantener su actual nivel de
vida, pero, al mismo tiempo, seguirán separados geográficamente.
Opción 2: María regresa a Perú con su familia.
  Si optan por esta opción, la familia puede de nuevo vivir junta en un solo
lugar, pero con menos recursos financieros.

Opción 3: El marido Antonio y los niños van a España para vivir junto a María.
   Si la familia opta por esta opción, María puede vivir junto con su esposo e hijos aunque en condiciones dudosas. Además nadie se quedará atrás en Perú para cuidar a la madre anciana Carmen.
Opción 4: La familia entera, incluyendo la abuela Carmen se traslada a España.
   Si la familia opta por esta opción, no solo la familia de hecho puede vivir junta en un solo lugar, sino que los miembros de la familia tienen que acostumbrarse a vivir en España. Además, por el alto costo de vida en España, la familia no podría mantener su nivel de vida.

5) REFLEXIÓN FINAL (15–20 min.)

Para la reflexión final, es importante que los participantes tengan la oportunidad de argumentar libremente sin estar atados a su papel. Los roles tienen diferentes poderes y probablemente algunos alumnos no se hayan sentido cómodo con sus papeles. Para guiar la reflexión el profesor/la profesora puede plantear las siguientes preguntas:

Sentimientos:
* ¿Cómo te sentiste en tu papel? ¿Por qué te sentiste bien o mal?
* ¿Era fácil o difícil jugar el papel de un miembro de la familia?
* ¿Con qué miembro de la familia López Pérez te podrías identificar mejor y por qué?

Transcurso y resultados del juego de rol:
* ¿Qué papel creéis ha sido el más difícil?
* ¿Los distintos miembros de la familia han podido influir en condiciones igualitarias en la decisión? ¿Cuales eran las posiciones fuertes y cuales las débiles?
* ¿Estáis satisfechos con los resultados? ¿Como habráis valorado la situación general de la familia López Pérez?
* ¿Cuál de las cuatro opciones os gustó más y por qué?

Valoración del resultado:
* ¿Qué significa el resultado para cada uno de los miembros de la familia?
* ¿Hay un resultado que satisfaga a todos los miembros de su familia?
* Si la separación de la familia entre Perú y España continuara, esto causaría una alienación emocional entre los miembros de la familia?
* En caso de que María regresara, la familia podría retomar simplemente su vida anterior o podría ser que vivir juntos de nuevo después de una separación tan prolongada, causaría nuevos problemas y conflictos?

Transferencia:
* ¿Cuáles son en vuestra opinión los pros y los contras de una vida familiar transnacional?
* En el caso de nuestra familia peruana, la migrante María se encuentra en España, mientras que el resto de su familia se había quedado en el Perú. Conocéis otras formas de familias transnacionales en vuestro entorno?
* ¿Tenéis experiencias con una vida familiar transnacional? ¿Os podéis imaginar vivir en una familia transnacional?

Opciones de acción:
* ¿Qué se podría hacer a nivel político para apoyar a familias transnacionales?
* ¿Qué se podría hacer a nivel político para evitar que miembros de una familia emigren solos?

....

▶ **M 4.12: Einführungstext ›Familia transnacional‹**
▶
....

▶ **M 4.13.–4.18: Rollenkarten ›Familia transnacional‹**

....

Die benötigten Medien befinden sich im Zusatzmaterial.

ÜBERSICHT ZUSATZMATERIALIEN

Die Zusatzmaterialien enthalten Bild-, Audio-, Film- und Textmaterial zu verschiedenen Einheiten. Das entsprechende Piktogramm in der Hauptmappe zeigt Ihnen, wo diese Materialien einzusetzen sind.

Buenos Aires – un producto de la migración

M 1.1.	Bild ›La Veloce‹
M 1.2.	Video ›La llegada de los inmigrantes‹
M 1.3.	Kopiervorlage sowie Musterlösung zu ›La Argentina, un país de migrantes‹
M 1.4.	Video ›Los argentinos también descendemos de esos barcos‹
M 1.5.	Lied ›Guariló‹
M 1.9.	Bild ›La invasión silenciosa‹ sowie Recherchelinks zu ›Anuncios y campañas en Alemania sobre el tema de la inmigración‹
M 1.10.	Text ›La mentira de la invasión silenciosa‹

Lima: Migrar a la ciudad de los reyes

M 2.1.	Karikatur: ›Bienvenidos Nordacas‹
M 2.3.	Tafelbild
M 2.4.	Diashow ›Lima‹
M 2.8.	Video ›Peces de ciudad‹
M 2.12–16.	Rollenkarten ›Invasión ambulante‹
M 2.19.	›Paco Yunque‹ – segundo extracto y hojas de trabajo

Migración laboral entre México y los Estados Unidos

M 3.2.	Video ›La línea invisible‹
M 3.3–8.	Arbeitsblätter und Hintergrundinformationen zu den Recherchethemen
M 3.9.	Fotos: Diashow ›Alltag lateinamerikanischer Migrant_innen in den USA‹

Ida y vuelta: inmigrantes latinoamericanos en Madrid

M 4.4.	Text ›Notas sobre la inmigración latinoamericana‹
M 4.5.	Video ›Apuntes sobre la migración‹
M 4.12.	Einführungstext ›Familia transnacional‹
M 4.13–18.	Rollenkarten ›Familia transnacional‹
M 4.19.	Deutsche Version des Rollenspiels ›Transnationale Familien‹

Hinweise zur kostenlosen Bestellung der
Zusatzmaterialien finden Sie unter
www.uni-bielefeld.de/cias/unterrichtsmaterialien.html
———
Bestellnummer 946607-01-7

Umschlagsgestaltung Nathow & Geppert
auf Grundlage von Fotos von
Yaatsil Guevara, M. Petersen, Tetraktys